JN078445

東北大学大学入試研究シリーズ

「大学入試学」
の誕生

金子書房

「東北大学大学入試研究シリーズ」の刊行に当たって

　わが国において，大学入試というテーマは，誰しもが一家言を持って語ることができる身近な話題である反面，一部の例外を除き，研究者が専門的に研究すべきテーマとはみなされていませんでした。圧倒的多数の人にとって試験や入試は思い出したくない嫌な記憶でしょうから，必然的に大学入試は「好ましくないもの」という位置付けで語られ続けることになります。一方，時代によって機能の大きさや役割が変化するとはいえ，大学入試は多くの人の将来を定めるものであり，社会の未来を担う若者を育てる教育の一環として社会的に重要な位置を占める制度です。

　1999年（平成11年）4月，東北大学アドミッションセンターは国立大学で初めてAO入試を実施する専門部署の一つとして発足しました。それは同時に，大学に設けられた初の大学入学者選抜（大学入試）研究の専門部署の誕生でした。東北大学アドミッションセンターの設立から20年が経過し，各大学に教員を配置して入試を専管する部署が普及してきました。個々の大学を見れば，その位置付けや期待されている機能は様々ですが，大学入試が単なる大学事務の一部ではなく，専門性を持った分野として捉えられつつあることは喜ばしい環境の変化と感じています。この度，令和元〜令和4年度（2019〜2022年度）日本学術振興会科学研究費補助金挑戦的研究（開拓）「『大学入試学』基盤形成への挑戦——真正な評価と実施可能性の両立に向けて——」（課題番号19H05491）の助成を受けたことをきっかけに，10年以上に渡って温めてきた学問としての「大学入試学（Admission Studies）」の創設に向けて，具体的な歩みを始める時が来たと感じました。その証として，これまで刊行された文献に書下ろしの論考を加え，「東北大学大学入試研究シリーズ」を創刊することとしました。大きく変動する社会の中で，実務の最前線で行うべきことは何かを識るとともに，「百年の大計」の下で教育における不易（変えるべきではないもの）と流行（変えるべきもの）を見据える一つの参照軸を創生することを目指します。

2020年1月　シリーズ監修　倉元直樹

はじめに

　本書はシリーズとして刊行予定の「東北大学大学入試研究シリーズ」第1巻という位置づけであり，シリーズのおおまかな方向性を決める役割を担っている。「大学入試研究」を謳う以上，本書で想定する大学入試研究，すなわち，「大学入試学（admission studies）」とはどのようなものであるべきか，その概略について具体的に述べておく必要があるだろう。

　まず，本書で想定する大学入試学には「研究母体が設置された組織に資する研究的成果を産むことを目的とした営み」が含まれるべきだと考えている。この時点で通常の伝統的な学問と異なる要素が二つ含まれていることに気付かれるだろうか。

　一つ目は，「大学入試研究は誰が行うのか」すなわち，研究の主体に関わる問題である。一般的に学術研究の主体は研究者すなわち個人である。一方，これまでの歴史的な流れからは，大学入試学は研究者の所属大学を単位とした研究組織を主だった研究主体と想定せざるを得ない。完全に独立した一個人が研究主体として有意義な研究成果を出し続けることは不可能ではないかもしれないが，著しく困難であることは間違いない。その理由は，本書の中で徐々に詳らかにしていきたい。

　もう一つは研究目的である。例えば，日本学術振興会の科学研究費助成事業のホームページには，「学術研究」の説明として括弧書きで「研究者の自由な発想に基づく研究」という説明が添えられている。もちろん，「自由な発想」こそが研究活動の源泉であり，欠かすことができない要素である。大学入試学でもその点に変わりはないが，研究目的まで完全に研究者個人の自由に任せると言い切ることは難しい。あくまでも，研究組織の設立母体（通常は大学）の目的と利益に沿って一種の機関研究（Institutional Research）的な役割を果たすことが求められる第一の使命となるだろうし，そうでなければ研究基盤としての恒常的な研究組織を持つことは難しいだろう。

　朝日新聞出版から毎年4月に刊行されている「大学ランキング＊＊＊＊」と

いう A 5 サイズで700頁近い分厚い雑誌がある。末尾に発行年度の翌年の西暦が記載されてタイトルとなる。「翌年」であるのは，大学入試の年度記載に合わせてのことだろう。大学入試の年度は当該受験生の入学年度で表すのが通例となっているからだ。つまり，本稿執筆現在（令和元年 8 月），各大学で着々と準備が進められている入学者選抜のほとんどは「令和 2 年度（2020年度）入試」ということになる。「1994年以来，『受験偏差値に代わる新たな大学評価』をコンセプトに毎年刊行」とある（アエラムック編集部，2019，11）。様々な角度から数多くの指標を編み出し，毎年，日本国内の大学を順位づけている。この「大学ランキング」誌を一般家庭で見かけることはあまりないだろうが，多くの高校の進路指導室や大学に置かれていることは疑いない。高校にとっては生徒の進路選択に役立つ情報源となるだろうし，大学にとっては手軽に入手可能な外部評価指標の一つとして活用できるからだ。

　同誌の各種のランキング指標の中で，1995年以来，毎年掲載されているのが「高校からの評価ランキング」である。今年発行の「大学ランキング2020」において，「高校からの評価ランキング」のページには，以下のような記述がみられる。

　　　東北大が『高校からの評価（総合）』で初めて 1 位となったのは2004年調査だった。それが2014年まで11年連続でトップを守っていた。15年に東京大にトップを譲るものの，16年に返り咲き，今回まで 3 年続けて 1 位を守っている。高校進路指導担当教諭は東北大の教育，研究，入試方法を高く評価しているようだ。とくに推薦[1]，AO 入試での地元からの信頼は絶大である（朝日新聞出版，2019，140）。

　このような評価は機関研究としての大学入試学の成果に対する有力な評価指標の一つであり，手前味噌ではあるが「東北大学入試センター」として積み上げてきた機関研究的な研究成果とそれに基づく実践に対する外部評価と受け取っていただけるのではないか。大学入試学は単なる机上の学問ではない。個別大学の教育システムとしての入学者選抜に対する評価を戦略的に高め，ひいては，大学の評価を高めることが重要な研究目的として欠かせない。

その意味で「高校からの評価ランキング」は，東北大学入試センターがアドミッションセンター時代から意識して積み上げてきた「研究」の成果が大筋として正しかったことを証明する一つのエビデンスと言える。僭越ながらも本シリーズを「東北大学大学入試研究シリーズ」と銘打って刊行することについて，「背中を押してくれる」作用があったことは否定できない。

　所属機関への貢献と同時に忘れてならないのは，大学入試学は一大学，一組織の利害を超えた「日本社会に資する大局的な大学入学者選抜制度設計に資する研究成果を産むことを目的とした営み」ということだ。日本の教育文化において，「大学入試」という教育問題は常に多くの人の関心事であり続け，さらには常に一定のバイアスを背負いつつ，語られてきたホットトピックスである。実際に重大な影響を及ぼす相手は受験生本人であり，その周辺の関係者たちなのだが，直接的な関係者以外の人も何かしら自らの持論を持っていることが多い。様々な意見や見解の中から，受験生自身の日常的な営みを保護し，期せずして不要な損害を与えないためにも，しっかりとした学術研究の成果に基づく根拠（evidence）を積み上げていくことが大切になる。したがって，一般の学術研究と同様に研究成果はそれを公開することによって所属機関の利益を損ねない限り，広く公開され，共有されるべきだろう。学術研究分野としての大学入試学の概要が定まっていく中で，「公開／非公開」の線引きに関する相場観も自ずから定まっていくことだろう。

　以上のような視点から，本書の編成を考えた。本書の各章はそれぞれ独立した既出の研究を集めて構成されているが，各章は以下のような狙いの下に再録したものである。

　第1部は第1章から第5章の五つの章から成る。「『大学入試学』構想の軌跡」と位置付けた。第1章は大学入試で守られるべき価値について編者の私見を述べたものである。主としてわが国の実情に根差した個別大学の立場からの原則論について，いくつかの既出の論考を組み合わせて書下ろしの部分を加えたものである。本書及び本シリーズの序論としての役割を担う。第2章から第5章は大学入試研究を担う組織のあり方，という観点からの論考を集めたものである。大学入試学の構想は，今，突然現れたものではない。戦後，当時の文部省が構想し続けたものが国立大学におけるアドミッション・オフィス（アドミッションセンター）の創設によって実現したとみることが

できる。第2章では，当時，文部官僚として構想を進めてきた当事者である著者が，後にまとめた論考を紹介する。第3章，第4章は本シリーズの刊行母体となる組織である東北大学入試センターの成立と活動概要を紹介した文章である。第3章として再録した文章の中で，初めて「大学入試学（Admission Studies）」という文言を用いて本書につながる構想について言及した。第4章は大学入試学の実施母体としての東北大学入試センターの当時の活動概要を解説したものである。以上のような流れの下，第5章は国立大学において次々と設置されていったアドミッションセンターの活動範囲の実情について，ホームページに掲載された各大学の規程を分析することで迫ろうとした論文である。

第2部は第6章から第8章の3つの章から成る。「大学入試研究の実情と課題」と題し，これまでの大学入試研究の研究テーマを概観した。第6章はいわゆる「大学入試研究」と称してどのようなことがなされてきたのか，各大学に実態調査した結果をまとめた論考である。大学入試学としての従来の研究内容の広がりを展望する手がかりになると考えた。第7章では，戦後から伝統的に科学的な大学入試研究のモデルとして期待されてきた追跡調査に関して，それまでの研究成果をまとめたレビュー論文であり，追跡調査の技術的困難を浮き彫りにしている。「選抜効果」と呼ばれる単純でありながら気付かれにくい技術的視点から，大学入試研究のひな型として考えられていた既存の追跡調査研究について分析し直した点でも意義がある。第8章は大学入試学の成立を考えた場合の人材育成について課題を投げかけた論考である。構造的な問題として大学でこの分野の研究者を育成することの困難さを具体的に示した。受験生や学生の成績は個人情報であり，それを扱う研究を学生にさせることは倫理的にできない。その上で，大学入試学を志す若い研究者をどのように育成していくのか，それが今後の大きな課題となるだろうという問題提起を行っている。

最後の第3部は「大学入試研究の可能性」とした。本書で構想している「大学入試学」は，従来の伝統的かつ深遠な学問体系に並び立つようなものではない。あくまでも，現在のわが国の教育に関する慣行や制度に根差し，それぞれの立場から現状を改善する手がかりを与えることを目的とした実用の学を目指している。

　第 9 章と第10章は「入試ミス」というわが国の大学入学者選抜制度にとって実に悩ましい問題について取り上げたものである。極めて実用的な示唆に富む成果が見出されている反面，大学で職を得てからこのテーマにこのような形で着手するのは立場的に様々な制約を抱えることになり，研究課題として取り上げるのが難しい内容だと思われる。これらの研究を行った西郡大氏（現佐賀大学アドミッションセンター長／教授）がこのテーマを手掛けていた時期には，まだ東北大学大学院博士課程後期に在学中であったことから，学生ならではのテーマの一つとして取り上げた。

　第11章と第12章は大学の機関研究として行われる可能性がある研究事例を示した。機関研究としての個別大学の入試研究における切り口の例として捉えていただきたい。いずれも東北大学の学内データを用いて過去に行った研究から，第11章では広報戦略の策定に深く関係するテーマを取り上げた。先述の「大学ランキング」誌の「高校からの評価ランキング」で，東北大学は「情報開示に熱心」の項目でも2016年調査から 5 年連続で 1 位となっている。この項目は「大学説明会やオープンキャンパスなど，受験生への情報開示に熱心」という意味で，以前は「広報活動に熱心」と表現されていた。限られた広報費を効果的に活用してアドミッション・ポリシーに合致した受験生を獲得するための戦略策定も大学入試研究の大切な一部である。第12章は特定学部（歯学部）の入試に関するサポートを目指した研究である。類似の研究の中で最も新しいものを取り上げた。厳しい環境に対する具体的対応策まで提案できたわけではないが，過去の実績から得られるデータに基づいた近未来の予測を行い，一定の対策を講じるためには有益となるようなタイプの研究と考えている。

編者　倉元直樹

文　献

アエラムック編集部（2019）．『大学ランキング2020』朝日新聞出版

注

1 ）実際には平成26年度（2014年度）入試の農学部を最後に東北大学では推薦入試が廃止され，現在，推薦入試は行われていない。

目　次

はじめに　　　　　　　　　　　　　　　　　　　　　　　　倉元直樹　i

第 1 部　「大学入試学」構想の軌跡

Introduction　「大学入試学」構想の源流をたどる　　　　　倉元直樹　2

第 1 章　受験生保護の大原則と大学入試の諸原則　　　　　倉元直樹　6

第 2 章　国立大学におけるアドミッション・オフィスの系譜

鴫野英彦　18

第 3 章　「大学入試学」の提唱
　　　　──東北大学におけるアドミッションセンター構想（草創期）──

倉元直樹　38

第 4 章　「大学入試学」の展開
　　　　──東北大学におけるアドミッションセンター構想（転換期）──

倉元直樹　48

第 5 章　国立大学におけるアドミッションセンターの組織と機能

倉元直樹　58

第 2 部　大学入試研究の実情と課題

Introduction　「大学入試学」の成立条件　　　　　　　　　倉元直樹　74

第 6 章　大学で実施されている入試研究の実態調査

林　篤裕・伊藤　圭・田栗正章　78

第 7 章　個別大学の追跡調査に関するレビュー研究　　　　西郡　大　90

第 8 章　大学入試研究者の育成
　　　　──「学生による入試研究」というチャレンジ──

倉元直樹・西郡　大　102

第3部　大学入試研究の可能性

Introduction　「実学」としての大学入試研究　　　　　　倉元直樹 114

第9章　大学入学者選抜における「入試ミス」の分類指標作成の試み

　　　　　　　　　　　　　　　　　　　　　　　　　　西郡　大 119

第10章　新聞記事からみた「入試ミス」のパターンとその影響の検討

　　　　　　　　　　　　　　　　　　西郡　大・倉元直樹 133

第11章　東北大学入試広報戦略のための基礎研究

　　　　　──過去10年の東北大学入試データから描く「日本地図」──

　　　　　　　　　　　　　　　　　　　　　　　　　　倉元直樹 151

第12章　東北大学歯学部における志願者・入学者の学力水準の変化

　　　　　──医学部医学科定員増の影響を中心に──　倉元直樹・市川博之 179

第 **1** 部

「大学入試学」構想の軌跡

「大学入試学」構想の源流をたどる

　第 1 部で読者に伝えたいのは，大学入試学という構想が単なる一時の思い付きではなく，戦後教育における長年の政策上の課題だったということである。

　第 2 章の著者である故鴫野英彦氏は昭和47年（1972年）文部省に入省，その後，大臣官房政策課長，高等教育局主任視学官を務めるなど，キャリア官僚として大学入試政策に深く関わって来た方である。不幸にして心臓を患い，平成11年（1999年）4 月に大学入試センター研究開発部教授に転身された。後日，自らが官僚として携わってきた足跡を振り返ってしたためた文章をここに改めて第 2 章として再録することとしたものである。

　戦後の大学入試に関わる行政の一環として国立大学に予算措置を行って委員会組織として「入学者選抜方法研究委員会（入選研）」を各大学に設置するなど，大学入学者選抜の「科学化」「客観化」を追求して組織作りに腐心した経緯がよく分かる。組織的に追跡調査を行うことが大学入試研究であり，大学入学者選抜の「科学化」「客観化」への道筋と考えられていたようだ。大学入試研究はその構想の出発点からして，組織による機関研究という立ち位置が与えられていたと言える。

　委員会組織という形態は，メンバーが 1 ～ 2 年で交代する委員で構成されているために研究の継続性，安定性の確保が難しい。入試研究を担う恒常的組織を成立させるには「米国のアドミッション・オフィスをモデルとする AO 入試」という触媒が必要だったと考えられる。AO 入試自体は，最初に発案し実施した当事者が「アドミッション・オフィスが入試を実施する，このことだけをアメリカから取りました。そのほかについては，基本的にはアメリカの模倣ではございません（東北大学高等教育開発推進センター，2008）」と証言している。教育環境も学校制度も異なるわが国において，選抜の方法も米国の大学入学者選抜からかけ離れた AO 入試を「米国モデルの入試」とするには無理がある。むしろ，大学入試の「科学化」「客観化」という政策の実現のために「AO 入試は米国の入試がモデル」という，すでに

世間一般に広がっていた誤った認識を利用したとの見方が成り立つ。

　ただし，当時の政策課題は「過度の受験競争の緩和」という大時代的なもので，現状の後期中等教育，高等教育が抱える課題とはかけ離れたものであったことには注意を要する。鴫野も言及していたように，かつての「大学側の圧倒的な売り手市場[1]」という状況は，当時でもその兆候が表れていたが，現在は完全に逆転している。すなわち，急速に進行する少子化の中で，各大学ともアドミッション・ポリシーに沿った学生の獲得という課題に直面して，その実現に腐心しているのが実情だ。したがって，大学入試研究のテーマも，実際には従前のようなたくさんの受験者からどのような「選抜方法」で「誰」を合格者として選抜すべきか，といった，特別な状況を前提とした問題意識に基づく「追跡調査」のような課題に限定するのは難しくなっている。さらに，追跡調査には実務上の煩雑さに加えて当初から認識されている構造的に不可避の技術的な制約も存在している。結果的に，現在行われている大学入試研究のテーマは，多様な広がりを見せている。具体的には第2部に譲ることとする。

　第3章，第4章は，大学入試研究を担う組織としての期待を受けて発足した国立大学のアドミッションセンターとして，東北大学の事例を紹介したものである。当初から入試研究を目的とした組織という志向性が強く，AO入試との距離感を課題にしていた。結果的に当初のAO入試実施組織という特徴は薄れ，東北大学における学士課程入試を統括する機関として発展していくこととなった。

　東北大学においては，組織的には当初のアドミッションセンターという単体の組織から，いわゆる教養教育と学生支援を広く統括する組織の一部として再編され，さらに他の機能も統合して現在に至っている。恒常的な入試研究組織としての発展的展開を目指したと位置づけられるが，現実的には難しい部分が多い。東北大学において入試を管轄する「入試開発室」は大学教育を担当する「高等教育開発室」と一緒に「高等教育開発部」の一セクションという位置づけとなった。その後，改組を経ても本質的な構造は変わらずに現在に至っているが，例えば，第4章表4−1に挙げられている三つの「高等教育開発部業務」のうち，現在でも継続されているのは「①　東北大学高等教育フォーラムの開催」だけである。逆に言えば，他の二つは再編のため

にあえて作り出されたようなもので，短命のプロジェクトとしてすでに使命を終えている。

　第4章表4-2に「第10回」までの東北大学高等教育フォーラムの一覧が掲載されているが，その後の展開は下記の表I1-1のようになっている。「高等教育」という名称を冠しているものの，実質的には大学入試ないしは広く高大連携に関わるトピックを取り上げ，大学関係者と高校関係者が一堂に会して同一の問題について議論する，貴重な高大接続の機会を提供してきた。

　実は，「第8回」が初めて大学入試を直接取り上げた回で，その時から参加者数が拡大した。その後は「第18回」「第20回」以外は大学入試ないしは高大接続に特化したテーマ設定となっている。特に現在進行中の高大接続改革に焦点を当てた「第22回」からは参加者数が一気に倍増し，400名前後で推移している。もちろん，大学教育の一環としての大学入試という位置づけは重要であり，大学入試が入学後の教育と密接に関連しているのは事実だが，

I 1-1．東北大学高等教育フォーラム一覧 （高大接続関係分）（第4章表4-2に続く）

	実施日	タイトル	講演・現状報告	参加者数
第12回	H22.5.21	良質な大学入試問題の条件 ——テストの理論と現場の工夫——	基調講演者2名（中京大，東北大），現状報告者3名	207名
第14回	H23.5.20	学習指導要領と大学入試 ——高大接続の原点を探る——	基調講演者1名（大学入試センター），現状報告者3名	158名
第16回	H24.5.18	進路指導と受験生心理 ——大学選びのメカニズムを探る——	基調講演者2名（筑波大，佐賀大），現状報告者3名	205名
第18回	H25.5.24	「書く力」を伸ばす ——円滑な高大接続のために——	基調講演者1名（筑波大），現状報告者3名	180名
第20回	H26.5.16	グローバル人材の育成に向けて ——これからの高校教育・大学教育における課題——	基調講演者2名（文部科学省，東北大），現状報告者3名	171名
第22回	H27.5.15	大学入試改革にどう向き合うか ——中教審高大接続答申を受けて——	基調講演者2名（京都大，大阪大），現状報告者2名	355名
第24回	H28.5.16	大学入試における共通試験の役割 ——センター試験の評価と新制度の課題——	基調講演者2名（東京大，東北大），現状報告者2名	374名
第26回	H29.5.12	個別大学の入試改革 ——東北大学の入試設計を事例として——	基調講演者1名（東北大），現状報告者4名	427名
第28回	H30.5.21	「主体性」とは何だろうか ——大学入試における評価とその限界への挑戦——	基調講演者1名（佐賀大），現状報告者4名	403名
第30回	R1.5.15	入試制度が変わるとき	基調講演2名（筑波大，東北大），現状報告者3名	371名

第1部　「大学入試学」構想の軌跡

よほど充実した人員配置と円滑な連携関係がなければ，双方を有機的に連関させて扱うには課題や業務が多く，複雑すぎる。また，高校や他大学を中心とした周囲のまなざしも，入試それ自体に特化した方がより広い関心を呼び覚ますことができるように思われる。そもそもが「大学入試」ないしは「高大接続」というテーマと「大学運営」ではイベントの対象とするターゲットも異なり，外部から見て主旨が伝わりにくい。

　大学入試と大学教育を一体的に扱う組織は理想ではあるが，現時点でいきなりそこを目指すのは極めて困難というのが，実際にその立場に身を置いての正直な実感である。第5章で定量的に分析された結果からも示唆されるように，少なくとも大学入試学が実質をもって形作られるまでは，「アドミッションセンター」は所掌の中に入試研究を含む入試専門の単体の教員組織としてとして位置づけられる方が，現時点ではより機能的に力を発揮できるように感じられる。

文　献

倉元　直樹（2006）．東北大学における「アドミッションセンター」の取組と課題2006：大学入試フォーラム，**29**，15-23（第3章原典）．

倉元　直樹（2009）．東北大学における「アドミッションセンター」の取組と課題2008：大学入試フォーラム，**31**，3-11（第4章原典）．

倉元　直樹（2016）．国立大学におけるアドミッションセンターの組織と機能　大学入試研究ジャーナル，**26**，89-96（第5章原典）．

鴫野　英彦（2003）．国立大学におけるアドミッション・オフィスの系譜　夏目　達也（編）高校と大学のアーティキュレーションに寄与する新しい大学入試についての実践的研究（平成12〜14年度日本学術振興会科学研究費補助金（基盤研究［A］）），研究課題番号　12301014，研究代表者　夏目　達也，研究成果報告書，301-313（第2章原典）．

東北大学高等教育開発推進センター（2008）．第8回東北大学高等教育フォーラム「新時代の大学教育を考える(5)　高校教育と大学入試：「AO入試」の10年を振り返る——接続関係の再構築に向けて——　報告書　Retrieved from http://www.ihe.tohoku.ac.jp/cahe/wpcontent/uploads/2011/06/56a1efbd829978101e4ed3bf648ebbbc.pdf（2019年8月17日）．

注

1）実際には「買い手市場」が内容的には適切な表現ではないかと思われる。

第1章

受験生保護の大原則と大学入試の諸原則[1]

東北大学高度教養教育・学生支援機構　教授　倉元　直樹

第 1 節　大学入試の主体と受験生保護の大原則

　大学入試（university entrance examinations）ということばは，わが国の高大接続関係の制度に根差した独特の表現と言える。そこには「大学入学志願者」の「選抜」に「試験」を用いるという前提がある。志願者が募集人員を超えて存在し，一部に入学許可を与える選抜を行う。そして，その手段が試験という訳だ。「大学入試」が世界的には特殊な仕組みだとしても，日本で暮らす限りは大学入試という用語を用いても日常生活で支障が起こる心配はない。会話の当事者が皆同じ認識を共有していることによる。しかしながら，俯瞰した視点で制度を見直すためには，意識されていない現行制度の基盤，暗黙の前提を改めて見直す必要がある。

　日本において大学入学者選抜の主体はどこにあるのか。それは大学である。最初に当然の事実としてそのことを確認しておく。

　毎年，文部科学省の高等教育局長通知として大学入学者選抜実施要項が発出されるが，第 1 項に「基本方針」という部分がある。平成18年度（2006年度）から加わった項目であり，おおむね現在と同主旨の表現となったのが，平成28年度（2016年度）からである。

　令和 2 年度（2020年度）の要項には以下のように記されている。

1　本章は，主として東北大学高度教養教育・学生支援機構編『大学入試における「主体性」の評価──その理念と現実──』の「おわりに　ボールは大学に」として書き下ろした文章（倉元，2019）と『個別大学の入試改革』の「第 3 章　個別大学の入試設計から見た高大接続改革の展望」の冒頭の 2 節（倉元，2018a）を組み合わせて大幅に書き直したものである。なお，後者の主要部分の初出は倉元（2018b）である。

　大学入学者選抜は，各大学……（略）……が，それぞれの教育理念に基づき，生徒が高等学校段階までに身に付けた力を，大学において発展・向上させ，社会へ送り出すという大学教育の一貫したプロセスを前提として，各大学が，卒業認定・学位授与の方針（以下，「ディプロマ・ポリシー」という。）や教育課程編成・実施の方針（以下「カリキュラム・ポリシー」という。）を踏まえ定める入学者受入れの方針（以下「アドミッション・ポリシー」という。）に基づき，大学への入口段階で入学者に求める力を多面的・総合的に評価することを役割とするものである。

……（略）……

　このことを踏まえ，各大学は入学者の選抜を行うに当たり，公正かつ妥当な方法によって，入学志願者の能力・意欲・適性等を多面的・総合的に判定する。その際，各大学は，年齢，性別，国籍，家庭環境等に関して多様な背景を持った学生の受入れに配慮する。あわせて，高等学校……（略）……における適切な教育の実施を阻害することとならないよう配慮する（文部科学省高等教育局，2018，傍点筆者）。

　このように，一定の制約の下，日本の大学には自らの大学に入学する学生を自らの考え方で選抜する権限が与えられている。入学者を選抜する主体は大学なのだ。しかし，それは大学が勝手に自身だけの都合で入学者を決めてよいということではない。「公正かつ妥当な方法」で「入学志願者の能力・意欲・適性等を多面的・総合的に判定する」ように努めなければならないのだ。

　それに加えて，通常「2年前予告」と呼ばれる規定も存在している。2年前予告の根拠はやはり大学入学者選抜実施要項に記載されており，「第7　学力検査実施教科・科目，試験方法等の決定・発表」第3項には以下のような記載がある。

　個別学力検査及び大学入試センター試験において課す教科・科目の変更等が入学志願者の準備に大きな影響を及ぼす場合には，2年程度前には予告・公表する。なお，その他の変更についても，入学志願者保護の

　　　　　　．．．
観点から可能な限り早期の周知に努める（文部科学省高等教育局　2018,
傍点筆者）。

　この項目で直接的に規定されている内容は「学力検査で入試科目を増やす
場合」である。それは「入学志願者の準備に大きな影響を及ぼす」からであ
り，その主旨に従って，その他の変更も「入学志願者保護の観点」から「可
能な限り早期の周知に努める」とされている。すなわち，入学志願者は受験
に際して入学者選抜方法に合わせた準備をして臨むことが前提とされている
のだ。「準備」とは，伝統的な学力検査中心の選抜にあっては受験勉強であ
り，選抜方法が多様化した現在の入試にあっては，例えば，出願書類の作成
や面接試験の練習など，様々な選抜方法に対応した様々な営みが当てはまる
だろう。いずれにせよ，受験生が入試に向けて特化して行う努力を大学が無
にしてはいけないし，特に入学者選抜方法に大きな変更を加える場合には慎
重に進めなければならないとされている。
　大学が「公正かつ妥当な方法」で選抜を行い，「急な変更で受験準備の努
力を無駄にさせない」という大学入試に求められる基本的な条件を本稿では
「受験生保護の大原則」と呼ぶこととする。
　大学には自らのアドミッション・ポリシーに従って，入学者を決定する権
利がある。それは，大学の自治の根幹ともいうべき重要な権利である。同時
に，個別大学における入学者選抜制度の設計と実施には，応分の責任が伴う
ことも意味している。高大接続改革の只中にあっても，自らの責任で入学者
選抜を行う限り，大学入試の最終的な責任は大学にあるとみなされるだろう。
個別大学の裁量を超えた大きな変更が急速に進められている状況で，詳細に
わたって変更点を2年前までに予告することが実質的に不可能だとしても，
可能な範囲で各大学に受験生保護の大原則に従った選抜方法の決定と公表が
求められていることは変わらない。
　一方，見方を変えると，受験生保護の大原則を守って入試を設計すること
は，個別大学にとっての利益にも直結する。自らの受験生を第一に考えるこ
とは，大学自身のためでもある。次節ではその機序について説明する。

第2節　個別大学における大学入試の諸原則

「大学入試の諸原則」は日本の大学入試を前提としており，継続して当該大学に受験者を供給する母体が存在する状況を前提とする。学生の供給母体が定まらない状況とは，大学経営が破たんしていることを意味する。本稿では，そのような流動的な非常事態は想定していない。また，指定校推薦のような形で合格が約束されているケースも除外する。形式的であっても大学入学に際して「選抜」という行為が行われる状況を念頭に置いている。募集人員はあらかじめ定められているものとする。合格者数を自由自在に変えられる状況は考慮していない。

1．大学入試の目標

本項の主題を「大学入試の目標」ということばで表現した。「大学入試の存在意義」とは何かという問いと同義である。なぜ，大学は入試を行うのか。最初にそれを明確に規定する。

大学入試の目標は極めて単純である。大学にとって「教育したい学生，求める学生をあらかじめ定められた募集人員に合わせて確保すること」に尽きる。それ以上でもそれ以下でもない。言い換えれば，入学者受け入れ方針（アドミッション・ポリシー）に表現された「求める学生像」に沿った学生を定員通りに確保することこそが唯一の達成目標であり，大学入試の存在意義である。したがって，以下に述べるその他の原則は副次的な位置づけとなる。ただし，それらを欠かすことができないのは，それらが大学入試の目標を達成するために必要な前提条件を構成するからだ。

1.1．相互関係の原則

大学入試は「実施者」すなわち大学と「志願者」との相互関係で成立する。出願しない者に対して大学が入学資格を付与して入学させることは，原則的に想定できない。大学入試は志願者が当該大学に入学したい，という動機を持ち，それを出願という形で行動に移さなければ始まらない。したがって，最終的に入試の成否を決めるのは実施者ではなく，志願者の認識である。

アドミッション・ポリシーに合致した潜在的な志願者層が存在しなければ大学入試は成立しない。例えば，アドミッション・ポリシーが現実離れしたものであれば合致した志願者層がないことになって入試は成立しないし，アドミッション・ポリシーに合致する潜在的な志願者層が十分な大きさで存在したとしても，志願者側が大学に対して「入学したいほど魅力的」と感じなければ出願には至らない。この二つの前提条件が「大学入試の目標」を達成するための最初のハードルとなる。

　また，実施者が自らの入試制度をいかに有意義だと考えても，志願者側にも同じように認識されて出願行動に結びつかなければ，アドミッション・ポリシーに沿った志願者が募集人員を満たすだけ集まることはない。その時点で大学入試の目標を達成することを断念せざるを得ない。すなわち，志願者側のニーズを実施者が適切に把握，冷静に受け止めているか否かが個別大学の大学入試制度の成否を握る鍵となる。

　実施者と志願者のそのような関係性を「相互関係の原則」と呼ぶ。

1.2.　継続性の原則

　実施者にとって，アドミッション・ポリシーに合致した学生の確保は1回限りのことではない。選抜状況の情報は志願者の母集団にフィードバックされ，以後の選抜に決定的な影響を及ぼす。選抜結果について志願者側が納得できなければ，志願者層が徐々にアドミッション・ポリシーからかい離していくことを覚悟しなければならない。

　実施者が改革を断行して新制度を導入した場合，初年度は志願者側には往々にして情報が乏しい。その結果，志願者側から改革が魅力的に見えた場合には積極的な出願行動に結びつく傾向がみられる。初年度は実施者から見て望ましい志願者が数多く得られやすいが，時に初年度効果と呼ばれる。翌年以降は徐々に情報が蓄積され，それを前提とした志願行動が喚起される。実施者はそれを見越して継続して安定的な実施方法を保つ必要がある。制度改革後の最初の選抜は極めて重要である。

　鳴り物入りで新制度を導入したとき，実施者は士気高く臨む。コストや手間暇も厭わない。しかし，年月が経過し，担当者も入れ替わると当初の理念は受け継がれにくい。業務の円滑な引継ぎに留意するとともに，選抜の負担

を継続可能な範囲に止めておく必要がある。

　以上のような構造を「継続性の原則」と呼ぶ。

　「継続性の原則」から派生して，さらに以下の諸原則が導かれる。

2. 選抜の諸原則

2.1. 公平性の原則

　評価を受ける当事者は自分が不当に扱われたと感じたとき，不公平さを感じる。選抜性のある入試には合格者と不合格者が生じるが，合格すれば不満は表面化しにくい。不公平な取扱いで不合格になったと認識された場合，選抜結果は受容されない。したがって，選抜方法の公平性の判断は「不合格者が選抜結果に納得できるか否か」という観点に委ねられる。「継続性の原則」に鑑みると，不合格者が納得できない選抜を行ってしまうと，次回以降の出願行動に悪影響が及ぶ。

　以上のような構造を「公平性の原則」と呼ぶ[1]。不合格者から見た「納得性の原則」と呼んでもよい。

　何を努力すれば評価され，何を行ってはいけないのか，あらかじめ明示される必要がある。学力検査のように一次元的な能力評価の場合，受験者のパフォーマンスは優越データ（dominance data）[2]の構造を持つ。測定論的に表現すると，一次元の尺度に設問の難易度と受験者の学力が位置されていた場合，受験者の学力設問の難易度よりも大きな値を取れば「正答」，小さな値を取れば「誤答」となる。一方，面接試験等では一般的に受験者のパフォーマンスは近接性データ（proximity data）[3]の構造を持つ。優越データの評価であれば，正答に至る努力は明示的である。近接性データの評価は評価者の意図の忖度が必要となる。「受験生は，面接員から『最適』と判断されるポイントを探して，それに最も適合（すなわち，近接）する反応を返さなければならない」（倉元 2004 p.366）。

2.2. 斉一条件の原則

　「公平性の原則」を満たすには全ての志願者に公平と感じられる手続きが必要となる。実施者も選抜の実施以前に合否を知ることはできないので，志願者の誰一人も自分が不利に扱われたと感じさせない実施手続きが求められ

る。結果的に全ての受験者に対して基本的に同一条件での実施が「公平性の原則」を満たすために必須の前提となる。

　50万名を超える受験者を有する大学入試センター試験の「形式的厳密性（苅谷 2008 p.60）」は試験監督等，実施者を悩ませる。しかし，ハイステークスな選抜用のテストである以上「斉一条件の原則」は欠かせない。大規模になればなるほど実施者にとって達成困難な条件となる[4]。

3.　選抜が意味を持つための条件

　実は，以上の二つの「選抜の諸原則」が重要になるのは，選抜という手続きそれ自体に重大な意味が付与される場面に限られるのである。この点は，実施者にとっては極めて重要なポイントとなる。

　実施者からみた入試の状況を本稿では以下の四つに分類する。実施者にとって望ましい順に並んでいる。

　なお，ここで記述する四つの状態はあくまでも理念的な描写であり，抽象的にモデル化された典型例である。実際に起こり得るのは二つ目から四つ目の間の状態で，その状況は段階的，連続的であろう。ただ，理念的にはこの三つの状態を峻別することは重要である。それを理解するためには実際にはあり得ない理想状態について押さえておく必要がある。

3.1.　理想状態

　大学入試の目的に鑑みると，理想状態とはアドミッション・ポリシーに合致した者のみが，募集人員とちょうど同じ人数だけ出願しているケースである。この状態では選抜という行為は実質的に不要となる。結果が合格である以上，何を行っても受験者に不公平感は生じない。選抜は形式的なものであり，その方法の適否はまず問題とならない。

　もちろん，受験料収入等，他の要素を考慮すれば，現実的にはこれが本当に理想状態であるか異論があるだろう。しかしながら，本稿では冒頭に掲げた「大学入試の目標」を全うすることが大学入試の存在意義であると既定して議論を進めている。

3.2. 選抜に過度な負担がかからない状態

　実施者にとって次に望ましい状況は，アドミッション・ポリシーに合致した者のみが，募集人員を超えて志願するケースである。実施者としては誰を合格にしても構わないが，志願者の立場に立って「継続性の原則」を考えると「公平性の原則」に則った選抜を行う必要がある。

　この状態はあくまでも理念的に想定されたものであり，我が国の個別大学の入試で条件が満たされることは極めて稀と考えられる[5]。

3.3. 選抜が重要になる状態

　その次に望ましい状態は，志願者の中にアドミッション・ポリシーに合致した者と合致しない者が混在するケースである。ただし，出願者にはアドミッション・ポリシーに合致した者が募集人員と同数以上存在しているとする。この状態では，実施者にとって個々の受験者の適性がアドミッション・ポリシーに合致しているか否かを適切に見極めることが重要となる。選抜が成立する入試とはこの状態にある。この状態が保たれているときにのみ，アドミッション・ポリシーに合致する学生の確保に向けて，選抜方法をどのように工夫するかが極めて重要な課題となる。

3.4. 選抜が無意味な状態

　志願者がいないか，アドミッション・ポリシーに合致する志願者が存在しないケースがこれに当たる。こうなってしまうと実施者がどのように入試を工夫しても「大学入試の目標」を達成することは叶わない。

　志願者の母集団にアドミッション・ポリシーに合致する者が募集人員を超えて存在する場合には，諸原則を踏まえて大学入試の設計を再構築できる可能性がある。しかし，志願者側に条件に合致した者がいない状況では，実施者側の努力は報われることがない。

　繰り返しになるが単純化したモデルなので，実際には二番目から四番目の状態が連続的なスペクトラムとして存在するだろう。

　いずれにせよ，以上の四つの状態を基本にして大学入試制度設計に関して以下の諸原則が導かれる。それらの各条件の全てが満足されることが個別大学にとって望ましい入試制度の設計につながると考えられる。

４．大学入試制度設計の諸原則

4.1. 募集優先の原則

　「選抜が重要になる状態」を保つためには入学したい気持ちを出願行動に移すだけの動機が存在しなければならない。繰り返しになるが，出願していない者を強制的に合格とすることはできない。実施者側はその事実を噛み締めなければならない。アドミッション・ポリシーに合致した志願者を十分に確保することができれば，選抜に過度な負荷はかからないし，確保できなければ選抜自体が成立しない。結果的に「選抜が重要になる状態」を作り出すための募集戦略が重要であり，優先的に考えなければならない重要なポイントだということが分かる。

　選抜よりも募集が優先する。この構造を「募集優先の原則」と呼ぶ。

　それでは，募集には何が重要な鍵となるのか。もちろん，広報活動は重要である。大学をいかに魅力的に演出するか，そのメッセージをどのように志願者層に伝え，出願行動を起こさせるか，それは必要な観点である。しかしながら「選抜が重要になる状態」にあるならば，最も大きな広報効果を持つのは選抜における合否情報そのものである。どのような志願者が合格し，どのような志願者が不合格となったか。その情報は合格発表直後からフィードバックされ，情報交換され，吟味される。そこから実施者側の隠れた「アドミッション・ポリシー」が析出され，次回の出願行動に反映される。「募集優先の原則」にしたがえば，諸原則に則った合否判定を含む選抜手続きが決定的に重要なのである。

　なお，高い志願倍率は重要な指標とはならない。人気が膨れ上がって志願倍率が極端に高くなるのは，合否判定が受験者の実力とは無関係に決まるギャンブルとみなされているからだ。もちろん，大学自体に魅力がなければ倍率も上がらない。

4.2. 育成の原則

　アドミッション・ポリシーに沿った学生を求めるならば，その候補となる母集団を可能な限り大きく育てなければならない。「育成の原則」の前提には大学入試を教育の一環と考える見方がある。

　実施者側が育成の観点を持たずに志願者を獲得することだけしか考えない

ならば，諸原則のいずれかを踏み外したときに「選抜が無意味になる状態」に落ち込むリスクは大きい。少子化傾向を考えれば，既存の志願者の母集団がやせ細ってくるのは当然である。異なる母集団に活路を見出すのは観念的には可能に見えるが「相互関係の原則」を考慮すると実現は容易ではない。既存の母集団における潜在的な志願者層を拡大していくことが現実的な戦略だ。「育成」ということばで表現したいのはそういう努力である。日本の大学入試制度は，高等学校に存在する潜在的な志願者を大学が求めるアドミッション・ポリシーに沿って育ててもらえるメッセージを出すように設計されるべきである。

4.3.　妥協の原則

　以上の諸原則を束ねて最後に登場する原則が「妥協の原則」である。「妥協の原則」の適用は様々な場面で必要となる。例えば，実施者側があまりにも高い理念を掲げるとアドミッション・ポリシーに合致する志願者は存在しなくなる。高等教育がユニバーサル化している現状と志願者側の認識を踏まえた理想と現実との妥協が必要となる。高校の現状では，教員や生徒の能力と時間には限界がある。その中で最大限の努力をしても，当然のことながらその成果には限界がある。高校教育の現実からかい離した大学入試制度は受容されない。

　実施者にとって「継続性の原則」は重要である。「ほとんどの関係者にとっては大学入試に関連する業務は周辺的なものであって，遂行するべき中心的業務が別にある（倉元，2005）」のが大学入試を取り巻く人的環境条件である。「育成の原則」は基本的に「継続性の原則」から派生するものである。重要であっても，当然ながら「公平性の原則」等，当該の選抜場面に直接適用される諸原則よりも優先されるべきものではない。

　現実には「大学入試の諸原則」の中の異なる原則の相互矛盾が起こりがちである。その際，両立しない原則のいずれをどの程度優先すべきか，実施者側には状況に応じた適切な判断が求められる。

　「大学入試の諸原則」は多くの場面で適切な判断につながる有益なものと考える。ただし，あらゆる場面に通用する一通りの正解が見出せるわけではない。適切な解は状況依存的であり，なおかつ，一つの判断が命取りになる

ことも窮地を救うこともある。いずれにせよ，実施者側には判断が求められる場面を「大学入試の諸原則」に則って整理し，優先順位を検討することが求められる。大学入試の制度設計はあらゆる意味で「妥協の芸術（倉元，2014　p.24）」である。

文　献

中央教育審議会（2014）．新しい時代にふさわしい高大接続の実現に向けた高等学校教育，大学教育，大学入学者選抜の一体的改革について――すべての若者が夢や目標を芽吹かせ，未来に花開かせるために――（答申）

大学審議会（2000）．大学入試の改善について（答申）

林　洋一郎・倉元　直樹（2003）．公正研究から見た大学入試　教育情報学研究，**1**，1-14.

苅谷　剛彦（2008）．指定討論：教育社会学の立場から」「日本の教育システム」教育測定・評価サブグループ編『米国流測定文化の日本的受容の問題――日本の教育文化・テスト文化に応じた教育政策の立案に向けて――』「日本の教育システム」コア研究（代表者：苅谷剛彦）国内セミナー報告書，60-64.

倉元　直樹（2004）．ペーパーテストによる学力評価の可能性と限界――大学入試の方法論的研究――　博士学位請求論文

倉元　直樹（2005）．大学入試とテストスタンダード　日本テスト学会第3回大会発表論文集，47-48.

倉元　直樹（2014）．受験生から見た「多様化」の意義――東北大学型AO入試と一般入試――　独立行政法人大学入試センター研究開発部　入試研究から見た高大接続――多様化する大学入試にせまる――　24-30.

倉元　直樹（2018a）．個別大学の入試設計から見た高大接続改革の展望　東北大学高度教養教育・学生支援機構（編）　高等教育ライブラリ14　個別大学の入試改革（pp.43-86）　東北大学出版会

倉元　直樹（2018b）．大学入試の諸原則から見た東北大学の入試改革　大学入試研究ジャーナル，**28**，119-125.

倉元　直樹（2019）．おわりに　ボールは大学に　東北大学高度教養教育・学生支援機構（編）　高等教育ライブラリ15　大学入試における「主体性」の評価――その理念と現実――（pp.203-207）　東北大学出版会

文部科学省高等教育局（2018）．「平成31年度大学入学者選抜実施要項」平成30年6月4日，30文科高第186号.

高根　芳雄（1984a）．優越データ　芝　祐順・渡部　洋・石塚　智一（編）　統計用語辞典（pp.265-266）　新曜社

高根　芳雄（1984b）．近接性データ　芝　祐順・渡部　洋・石塚　智一（編）　統計用語辞典（p.59）　新曜社

注

1）林・倉元（2003）は大学入試における公平性の評価軸について，社会学的アプローチ，心理測定論的アプローチ，社会心理学的アプローチの三つの次元に整理した。本稿の「公平性の原則」は主観的な公平感に焦点を当てた主観的な公正理論，すなわち，社会心理学的アプローチに属する。

2）優越データとは「2つの対象のうちどちらか一方が他方に何らかの意味で優越している」という関係を示す構造のデータとされる（高根，1984a）。

3）近接性データとは「2つの対象が何らかの意味で似ている（類似性），あるいは似ていない（非類似性）」という関係を示す構造のデータとされる（高根，1984b）。

4）大学審議会（2000）は「絶対的な公平性という考え方」からの脱却を訴え，中央教育審議会（2014）は「点数のみに依拠した選抜を行うことが公平であるとする『公平性』の観念という桎梏は断ち切らなければならない」とした。「大学入試の諸原則」に照らすと実現には大学入試が社会的に重要ではなくなることが必要だ。

5）米国や欧州のトップクラスの大学等は例外的に「選抜に過度な負荷がかからない状態」にあると思われる。すなわち，出願行動に関する志願者側の自己規制により，ほぼ全ての志願者がアドミッション・ポリシーに合致した状態となっている可能性がある。うがった見方をすると，結果として選抜に重要なのは「公平性の原則」を満たすことだけに思える。その結果，不合格者の不満を最小限に抑えるために多大なコストをかけて丁寧な選抜の外見を整えているのではないかと感じられてしまう。選抜方法それ自体がわが国の大学入試のモデルになるとは思えない。

第 2 章

国立大学におけるアドミッション・オフィスの系譜[1]

元　大学入試センター　教授　鵺野　英彦

◆◇◆
第 1 節　はじめに

　平成11年（1999年），東北大学，筑波大学，及び九州大学に，国立大学として初めてアドミッションセンターが設置され，「AO 入試」元年と呼ばれた平成12年（2000年）度入試では，当該 3 国立大学でも「AO 入試」が開始された。

　これは，平成 9 年（1997年） 6 月26日の中教審第二次答申「21世紀を展望した我が国の教育の在り方について」において，入学者選抜の改善を図るための条件整備の一つとして，日本型のアドミッション・オフィス（AO）の整備が提言されたことを契機としたものであった。しかしながら，アドミッション・オフィスを整備しようとする行政当局の構想は，何もこれが最初ではない。40年近く前の昭和40年（1965年）前後から始まっていた。

　本稿は，このような行政当局が抱いていた国立大学におけるアドミッション・オフィスの整備構想について，平成11年（1999年）にアドミッションセンターとして実現するまでにどのような経緯をたどってきたかを概観するとともに，今後の在り方についても考えてみようとするものである。

---

[1]　本章の原典は科学研究費補助金による研究報告書の一つの章として同一のタイトルで執筆された論考である（鵺野，2003，文献リストは第 1 部・Introduction「『大学入試学』構想の源流をたどる」末尾に記載）。一部の情報を補足した以外は，原文のまま再録している。著者の執筆当時の所属・肩書は「独立行政法人大学入試センター研究開発部・教授」。

第2節　入学者選抜方法研究組織の整備

　「受験戦争」や「受験地獄」と世間から批判を浴び続ける大学入学者選抜の改善を図ることは，文部省（平成13年1月6日以降は文部科学省となっているが，主としてそれ以前の歴史を扱う本稿では，原則として「文部省」で統一することとする。）にとって，戦後一貫して重要な政策課題であった。このため，進学適性検査，能研テスト等の共通試験の導入をはじめとするいろいろな対策が講じられることになった。アドミッション・オフィス導入構想もその対策の一つに数えることができる。

　戦後における文部省の大学入試政策は，占領下日本の民主化を押し進めていた連合国軍総司令部民間情報教育局（CIE）の影響もあり，高等教育を受けるのに最もふさわしい適格者をいかに「科学的」かつ「客観的」に選抜するかということに腐心していた。米国教育使節団から，これまでのような「両親，生徒，および教師の心を支配してきた試験第一主義という目的」の下での「試験の準備に支配されている教育制度」は，「時として欺瞞や腐敗あるいは不健全な欲求不満につながる異常な競争心を生み出す」から，「青少年の将来を偶然の危険性に委ねずにすむような，新しい型の試験制度を考えてみる必要がある。」という，勧告を受けていたからである[1]。それまでの大学入学者選抜としては馴染みのない scholastic aptitude test を「進学適性検査」として採り入れたのも，そのためであった。共通試験としての進学適性検査は，日本が独立して占領軍の軛を離れるとまもなく，昭和29年度を以って終焉を余儀なくされたが，文部省としては，その後も引き続き大学入学者選抜の科学化を図ろうと努力を重ねていた。これが昭和38年（1963年），能研テストという新たな共通試験構想となって結実する。

　能研テストは，高校での学習到達度と進学適性を活用する入学者選抜制度の確立を提言した，昭和37年（1962年）10月15日の中教審中間報告「大学教育の改善について―大学の入試改善―」に基づき導入された[2]。テストの実施主体は，昭和38年（1963年）1月に設置された財団法人能力開発研究所で，テスト自体は，学力テスト，進学適性テスト及び職業適応能力テストの3種類から構成されていた。

能研テストの構想については，当時文部省調査局長としてこの中教審中間報告に深くかかわった天城勲が答申直後に雑誌に寄稿した「能力開発研究所の構想」という論文に，その真意を端的に窺うことができる。

　この論文で彼は，昭和29年度（1954年度）まで続いた進学適性検査の追跡調査の結果から，「学力試験の一本勝負では素質の検証には限界があること，進学適性検査は改善されればかなり素質の検証に役立つこと，高等学校時代の学習成績は選抜資料としてきわめて重要であることの3点」をいいうるとし，「われわれはここでこの三者の改善を意欲的に図ろうとしているのである。この研究所の構想もこの点の認識と改善の意欲の上に立っていることをまず知らなければならない。」と述べている。

　さらに，「この機関（能力開発研究所…引用者注）の行う学習到達度と進学適性のテストが信頼度の高いものであり，それに高等学校の調査書が内申されるので，大学の試験はこれ以外の方法たとえば面接，論文試験，実技試験等従来あまり活用されなかった方法に重点がおかれることが考えられる。もちろんこの機関の行うテストのみによって合否を決定することも可能であり望ましい。」とも述べている[3]。

　このように能研テスト導入のねらいは，浪人問題等受験競争の激化やマンパワーポリシーの登場等という当時の時代背景も踏まえながら，大学教育を受けるのに最もふさわしい適格者を選ぶための「科学的な」方法を研究し，実施することにあった。これは，進学適性検査と役割は基本的に同じであり，その意味においては，途中挫折を余儀なくされた進学適性検査の復活を期そうとするものであったとも言えよう。

　昭和30年代に国立教育研究所（現国立教育政策研究所）において進学適性検査の追跡調査として始まった「進学適性検査の妥当性の研究」は，その後1960年代に入り「大学入学試験に関する研究」へと受け継がれていたが，これらの研究を通じて国立教育研究所は次のような研究結果を発表していた。即ち大学入学者選抜のための選抜資料の中で，大学における修学能力についての予測的妥当性が最も高いのは高校の「調査書」であり，これと全国的な共通試験である「能研テスト」とを併用することにより予測的妥当性は一層高まる。これに対して，各大学が実施する個別学力試験の予測的妥当性はあまり高くない，というものであった[4]。

　文部省は，このような研究結果を元に，個別学力試験重視の大学入学者選抜を，「内申書」と「能研テスト」を中心とする入学者選抜に変えることにより，予備校等における合格テクニックを中心とするいわゆる受験勉強や浪人問題という，「受験地獄」や「受験競争」が生み出す弊害といわれるものが解消できるのではないかと期待したと思われる。しかしながらよく知られているように，能研テストは，大学の理解を得ることは難しく，利用する大学はほとんど無きに等しい状況であった。

１．　国立大学入学者選抜方法研究委員会（入選研）の設置

　昭和40年（1965年）前後，能研テストを利用する数の乏しさに象徴されるような，入学者選抜の「科学化」に無関心な大学の姿勢を改めさせる必要を痛感した文部省は，各大学の入学者選抜への強い関心とその改善への積極的な努力を促すため，アメリカの多くの大学に設けられているアドミッション・オフィスの制度を我が国の大学にも採り入れることを考え始めた。専門的スタッフの下に入学者選抜についての業務を実施するアドミッション・オフィスを整備することにより，教授会の自治という名の下に，研究・教育を本務と心得る教員の片手間仕事として行われている入学者選抜業務を，もっとシステム的で専門的なものに改めることが可能になるからである。

　しかしながら，一挙にこの制度を導入するのは，種々の理由からさすがに困難であった。そこでとりあえず，アドミッション・オフィスの重要な任務の一つとされている入学者等の追跡調査研究を充実することとした。追跡調査研究が充実されれば，（予測的）妥当性への認識が高まり，能研テストへの理解も自ずから深まるのではないかと期待したと思われる。

　当時文部省当局は，大学における入学者選抜に関する業務を，次の二つに大別して考えていた。

① 　当該年度の入学者選抜の実施に関する業務。これには，募集要項や大学案内の作成公表から試験の実施，合格決定，入学にいたるまでの一切の業務が含まれる。

② 　追跡調査とその結果に基づくより妥当な選抜方法の研究

　このうち，②の業務を所掌する組織として「入学者選抜方法研究委員会」（入選研）が置かれるべきであり，学内組織として下図のような位置づけが

図 2-1. 入学者選抜関係学内組織図構想

望ましいと考えていた。

　文部省が講じた追跡調査研究に対する具体的な充実方策は，入学者選抜方法研究委員会を設けようとする国立大学に対して，必要な経費を支出しようとするものであり，これにより，大学における自主的な選抜方法の改善を側面から援助することとしたのである[5]。

　これに関連して，文部省は，次のような「入学者選抜方法研究委員会設置要項」を，参考として示していた。

　なお，当該入選研に対して文部省により予算措置がなされて具体的に整備が始まるのは，能研テストが，その試行期間を終了して，正式に大学入学者選抜に採り入れられることとなった，昭和42年度（1967年度）からである。ここからも，入選研の充実方策には，能研テストへの梃入れという行政当局の意図が伏在していたことが見てとれるのではないだろうか。

　このようにして，表 2-1[2]に掲げたように，入選研が全国の国立大学に対して整備されていった。しかしながら，入選研には，構成メンバーが別に本務を持っている教員であること，委員の任期が 1～2 年に過ぎないことなど，

2　著者が依拠した資料（国立大学入学者選抜研究連絡協議会，1981）は，一定の形式に基づいて各大学が行った報告をまとめたものである。その中に「『各大学における入学者選抜方法研究委員会』の設置年度」という項目がある。表2-1は著者が各大学の記述から該当箇所を拾って独自に作成したものとみられる。同一内容を扱った木村（2014）p.26の「表1-2」とは，いくつかの設置年度に食い違いが見られる。文部省大学学術課（1971）p.3の「第1表」を再掲した木村（2014）の表は文部省が予算措置を講じた大学を示す。それに対して，第2章表2-1は大学側の「自己申告」に基づく資料であることが不一致の理由と考えられる。例えば，京都教育大は設置年度として「昭和46年度（学内）」「昭和47年度（文部省）」と記載している。第2章表2-1で「京都教育大」は「昭和46年」の欄に記載されている。一方，木村（2014）及び文部省大学学術課（1971）は「昭和46年度」までの記載のため，「京都教育大」は登場していない。

```
(1)　調査研究の事項
　　受験者および入学者等について，高等学校在学中の成績，大学が実施する学力
検査等の成績および大学入学後の学業成績等の追跡調査その他大学が必要と認め
る事項について調査を行ない，各大学におけるより適切な選抜方法等の研究を実
施する。
(2)　調査研究の方法
　　ア　5名程度の教員で組織する研究委員会を設けて検討する。
　　イ　調査対象者について個人調査票を作成し，各種の調査を実施する。
(3)　調査の対象とする者
　　原則として，特定年度の全受験者，全入学者等を対象に調査し，調査年度を逐
次増加する。
(4)　研究結果
　　調査，研究の結果（最終結果ではなく，中間報告の形でもよい。）は印刷し，
支障のないかぎり公表して他の大学の利用にも供する。
　　とくに本委員会設置大学間では，研究結果を積極的に交換し利用に供すること。
(5)　連絡会
　　必要により各大学関係者の参集を求め調査方法等について意見調整を図る。
(6)　その他
　　具体的調査事項，調査方法，研究内容等は，各大学の任意とする。
```

図2-2．入学者選抜方法研究委員会設置要項

「委員会」という組織形態に特有の脆弱性が内在していた。

2. 国立大学入学者選抜研究連絡協議会（入研協）の設立

　文部省や能力開発研究所の努力にもかかわらず，能研テストを利用する大学は増えることはなかった。それどころか，日教組等を中心とする教職員組合の全国的な反対闘争も展開された。このような中で，昭和38年度（1963年度）当初は32万人もいた能研テストの受験生が，昭和43年度（1968年度）には10万人へと3分の1にも激減し，大学入学者選抜の改善の切り札として行政当局が目論んだ能研テストは，試行期間も含めてわずか6年間で幕を閉じることになった。

　しかしながら，文部省当局は，入学者選抜方法の改善を図るための方策として，共通試験の導入については勿論，アドミッション・オフィス整備の構想についても放棄したわけではなかった。このことは，以下のような，能研テスト廃止直後の中教審や大学入試改善会議における審議の状況に，はっきりと見てとることができる。

表2-1．入学者選抜方法研究委員会の設置状況

区分	設置大学数	うち新規設置	左の内訳
S41（1966）	1	1	弘前大
S42（1967）	8	7	室蘭工業，東北大，東京工業大，名古屋大，鳥取大，広島大，長崎大
S43（1968）	11	3	帯広畜産大，神戸大，九州大
S44（1969）	11	0	―
S45（1970）	17	6	北海道大，小樽商科大，北見工業大，秋田大，千葉大，岐阜大
S46（1971）	26	9	岩手大，山形大，東京水産大，三重大，京都大，京都教育大，大阪大，岡山大，九州芸術工科大
S47（1972）	36	10	茨城大，群馬大，東京外国語大，電気通信大，新潟大，奈良教育大，奈良女子大，島根大，香川大，高知大
S48（1973）	48	12	宇都宮大，東京大，東京医科歯科大，東京商船大，お茶の水女子大，一橋大，山梨大，滋賀大，大阪教育大，福岡教育大，熊本大，琉球大
S49（1974）	58	10	旭川医科大，宮城教育大，横浜国立大，金沢大，滋賀医科大，京都工芸繊維大，大阪外国語大，神戸商船大，徳島大，鹿児島大
S50（1975）	64	6	北海道教育大，静岡大，浜松医科大，和歌山大，愛媛大，大分大
S51（1976）	76	12	福島大，埼玉大，東京農工大，福井大，愛知教育大，名古屋工業大，島根医科大，山口大，九州工業大，佐賀大，宮崎大，宮崎医科大
S52（1977）	80	4	東京藝術大，信州大，富山大，富山医科薬科大
S53（1978）	87	7	筑波大，東京学芸大，長岡技術科学大，豊橋技術科学大，高知医科大，佐賀医科大，大分医科大
S54（1979）	87	0	―
S55（1980）	93	6	図書館情報大，上越教育大，山梨医科大，福井医科大，兵庫教育大，香川医科大
S62（1987）	94	1	鹿屋体育大
H01（1989）	95	1	鳴門教育大

（出典）昭和55年度までは，『国立大学入学者選抜研究連絡協議会報告書』第1号，1981年による。

　「これまでの審議においては，この問題の解決については，…大学側におけるアドミッション・オフィサーのような体制の整備が必要なことなどが指摘されている。」（「高等教育の改革に関する基本構想試案」中教審中間報告，昭和45年1月12日）

　「大学がより妥当な選抜を実施していくためには，高等学校等を通じ，進学希望者に対して大学・学部の概要，教育研究上の特色などについてじゅうぶんな広報活動を行ない，その妥当性を常に吟味し，選抜方法の改善に努めることが必要である。さらに，これらの追跡調査に関連して，大学における教育評価の方法に関する調査研究を行うことも必要であろう。

　このような入学者選抜に関する業務を，教員と密接に協力しつつ適切に遂行するためには，大学に入学者選抜関係事務を専門的に処理する組織（仮称「入学事務部」）を常設し，専門的知識と関係領域の学問に造詣の深い専門職員を配置する必要がある。」（「大学入学者選抜方法の改善について」大学入試改善会議最終報告，昭和46年12月9日）

　さらに次に示すように，高校側からも，アドミッション・オフィスの設置を要望する声があがった。

　「複雑ぼうだいな入学者選抜事務を担当するために，大学にアドミッション・オフィスを設けることも望みたい。その一部として，調査書の審査・入学者の追跡調査・関連事項について高校との連携をも行なうものとすれば，調査書の信ぴょう性・客観性は一層高まるであろう。」（全国高等学校長協会23回総会要望書，昭和45年10月13日）

　このような状況の中で，表2-1.に示したように，国立大学における入学者選抜研究委員会については，能研テストが廃止された後も着実に整備が進められていった。

　一方，共通試験については，昭和46年（1971年）12月9日の「大学入試改善会議最終報告」において，文部省がそれまでとってきた「内申書」と「共通試験」との併用による予測的妥当性を重視する「科学的」な入学者選抜観から，大学側と同じ個別学力試験重視の「伝統的」な入学者選抜観へと，考

え方を抜本的に転換することにより，大きな進展が図られることになった。即ち，学力試験による入学者選抜をより綿密に行うという観点から，基礎的な能力・適性の程度を測定するための第1次学力試験と大学・学部の特性に応じた能力・適性を測定するための第2次学力試験とに分割した上で，前者は大学が共同で実施する共通試験とし，後者は各大学で実施する個別試験にするという途を模索し始めたのである。これが大学側（国大協）の賛同を得て，全国の国立大学が参画する国立大学共通第1次学力試験（共通1次試験）として結実し，昭和52年（1977年）には共通試験を実施する組織として大学入試センターも設置され，昭和54年度（1979年度）から本格的に実施されるようになった。

　共通1次試験が実施されるようになるまでには，表2–1.に示したように，ほとんどの国立大学に入学者選抜方法研究委員会が設置され，毎年，各研究委員会の研究成果を掲載した「国立大学入学者選抜方法研究委員会調査研究結果の概要」が刊行されるとともに，研究委員会間の連絡協議を行う研究発表会も数次にわたって開催されていた。このような実績と昭和54年度（1979年度）に共通1次試験が導入されたことを契機として，昭和55年（1980年）6月，国立大学の入学者選抜方法研究委員会と大学入試センターとを構成メンバーとし，「国立大学における入学者選抜に関する研究の交流及び協力を行い，もって入学者選抜方法の改善に寄与すること」を目的とする，国立大学入学者選抜研究連絡協議会（入研協）が設立された。

　これ以後，入研協は，文部省がアドミッション・オフィスの2大業務として位置づけたものの一つである入試研究に関する業務について，文字通り全国の中核としての役割を担うこととなり，年次大会における研究発表・テーマ指定討論会・公開討論会や『大学入試研究ジャーナル』，『入研協年報』，『大学入試の動向』等の刊行物等を通じて，今日まで多大の貢献を続けてきている。

◆◇◆

第3節　入学者選抜事務処理体制の整備

　何であれ，業務を適切に遂行するためには，マネジメント（管理事務）が重要である。入学者選抜とて例外ではない。既述したように昭和46年（1971

年）に出された大学入試改善会議最終報告でも，「このような入学者選抜に
関する業務を，教員と密接に協力しつつ適切に遂行するためには，大学に入
学者選抜関係事務を専門的に処理する組織（仮称「入学事務部」）を常設し，
専門的知識と関係領域の学問に造詣の深い専門職員を配置する必要がある。」
と，大学における入学者選抜事務処理体制の整備について提言していた。昭
和42年度（1967年度）から入学者選抜方法研究委員会への経費助成という形
で，国立大学における入学者選抜の研究組織面についての整備を続けてきた
文部省は，これに加えて，昭和47年度（1972年度）から事務組織の整備にも
着手した。ここでは，このような入学者選抜事務処理体制の整備の面につい
て，述べてみることとしたい。

1．入学主幹・入学試験係長の整備

　文部省が昭和47年度（1972年度）から開始した国立大学に対する入学者選
抜事務処理体制の整備とは，具体的には，入試事務がそれまで学生課等の仕
事の一つとして教務担当係等で所掌されていたのを見直して，入試事務を専
門に担当する課長級の入学主幹や入学試験係長を設置しようとするもので
あった。

　入学主幹又は入学試験係の整備は，一応昭和47年度（1972年度）から昭和
60年度（1985年度）まで実施された。表2-2は，これらの状況を年次的に
表したものである。これを見ると，整備の仕方として次のようなパターンが
存在することに気づく。即ち，①入学主幹とその下部組織としての入学試験
係をセットにして整備するもの，②入学主幹だけを設置するもの，③課長級
の入学主幹は設置せず，既存の学生課，教務課等の中に一係として入学試験
係を設置するもの，の3類型である。また同時に，東京大，京都大等の規模
の大きい大学は類型①で，新潟大，金沢大等の中規模の大学は類型②で，福
島大，東京水産大等の規模の小さい大学は類型③で，整備されている傾向に
あることが良くわかる。

2．入試課の整備

　戦後日本の総決算を標榜する，時の中曽根内閣は，自ら戦後教育の改革に
取り組むため，昭和59年（1984年）8月，総理大臣の諮問機関として「臨時

表 2-2. 入学者選抜事務組織の整備状況（入学主幹等）

区分	入学主幹(及び入学試験係長)	入学試験係長
S47（1972）	東北大, 一橋大, 大阪大, 長崎大	奈良女子大
S48（1973）	北海道大, 東京大, 京都大, 広島大, 九州大	お茶の水女子大
S49（1974）	名古屋大, 岡山大, 熊本大	小樽商科大, 室蘭工業大, 奈良教育大
S50（1975）	千葉大, お茶の水女子大（入学主幹のみ）	東京商船大, 電気通信大
S51（1976）	弘前大, 神戸大, 香川大	帯広畜産大, 東京医科歯科大, 神戸商船大
S52（1977）	（以下入学主幹のみ） 横浜国立大, 新潟大, 金沢大, 静岡大, 鳥取大, 琉球大	北見工業大, 岩手大, 秋田大, 東京外国語大, 東京学芸大, 山梨大, 岐阜大, 名古屋工業大, 京都工芸繊維大, 大阪外国語大, 大阪教育大, 高知大
S53（1978）	山形大, 埼玉大, 信州大, 三重大, 鹿児島大	旭川医科大, 福島大, 和歌山大, 山口大, 宮崎医科大
S54（1979）	北海道教育大, 茨城大, 群馬大, 愛媛大	宇都宮大, 東京農工大, 東京藝術大, 東京工業大, 富山大, 佐賀大
S55（1980）	福井大, 滋賀大, 徳島大	宮城教育大, 東京水産大
S56（1981）	―	愛知教育大, 京都教育大, 大分大
S57（1982）	―	島根大, 福岡教育大, 宮崎大
S58（1983）	―	浜松医科大, 九州芸術工科大, 九州工業大
S59（1984）	―	滋賀医科大
S60（1985）	―	横浜国立大

教育審議会」（臨教審）を設置したが，大学入試の改善はその大きなテーマの一つであった。その背景としては，昭和54年度（1979年度）から本格的な共通試験として導入された共通第１次試験が，偏差値偏重や大学の序列化等を招いているとして，世間の不評を買っていたことも無視できない[6]。このような中で審議を重ねた臨教審は，昭和60年（1985年）６月26日の第１次答申で，「偏差値偏重の受験競争の弊害を是正するために，各大学はそれぞれ自由にして個性的な入学者選抜を行うよう入試改革に取り組むことを要請する。また，現行の国立大学共通１次試験に代えて，新しく国公私立大学を通じて各大学が自由に利用できる「共通テスト」を創設する。」と提言し，こ

表 2 - 3 ．入学者選抜事務組織の整備状況（入試課）

区分	入試課長	入学主幹	入学試験係長
S61 (1986)	北海道大，東北大，東京大，名古屋大，京都大，大阪大，九州大	―	富山医科薬科大，福井医科大，山梨医科大，島根医科大，香川医科大，高知医科大，佐賀医科大，大分医科大
S62 (1987)	千葉大，神戸大，広島大	岩手大，東京学芸大，富山大，岐阜大，愛知教育大，山口大	―
S63 (1988)	長崎大，熊本大	宇都宮大，東京工業大，名古屋工業大，大阪教育大，島根大，佐賀大	―
H01 (1989)	岡山大	秋田大，福島大，東京農工大，電気通信大，高知大，大分大	―
H02 (1990)	名古屋工業大	大阪外国語大，奈良女子大，九州工業大，宮崎医科大	新潟大，金沢大
H03 (1991)	富山大，山口大	室蘭工業大，東京医科歯科大，宮崎大	埼玉大，信州大
H04 (1992)	新潟大，金沢大	北見工業大，東京水産大，京都工芸繊維大	群馬大，徳島大
H05 (1993)	東京工業大，一橋大	帯広畜産大，東京外国語大，福岡教育大	山形大，愛媛大
H06 (1994)	埼玉大，信州大，愛媛大	小樽商科大，和歌山大，高知医科大	北海道教育大，鳥取大
H07 (1995)	弘前大，群馬大，横浜国立大，九工大	富山医科薬科大，山梨大	静岡大，鹿児島大
H08 (1996)	宇都宮大，電気通信大，愛知教育大，香川大，佐賀大，鹿児島大	奈良教育大，九州芸術工科大	三重大，滋賀大
H09 (1997)	岩手大，山形大，福島大，茨城大，東京学芸大，静岡大，三重大，鳥取大，徳島大，大分大，琉球大	―	茨城大，琉球大
H10 (1998)	北海道教育大，秋田大，東京農工大，福井大，岐阜大，大阪教育大，島根大		福井大
H11 (1999)	山梨大，滋賀大，宮崎	滋賀医科大，島根医科大，佐賀医科大	―
H12 (2000)	東京外国語大，お茶の水女子大，京都工芸繊維大，大阪外国語大，奈良女子大，和歌山大	福井医科大，山梨医科大，浜松医科大，神戸商船大，香川医科大，大分医科大	―

れが契機となって，周知のとおり平成2年（1990年），共通1次試験から今日の大学入試センター試験へとバトンタッチされることになった。しかしながら当該答申は，単に共通1次試験の廃止ばかりではなく，「現在，各大学の入学者選抜の体制は概して脆弱である。各大学でのアドミッション・オフィス（入試担当部門）の設置または強化を図る必要があり，その推進に必要な措置を講ずるべきである。」と述べて，各大学の入試担当機能の強化についても提言していた。

　これを受けた文部省は，アドミッション・オフィスの設置までには至らなかったものの，昭和61年度（1986年度）から各国立大学に入学者選抜について専門に担当する組織である入試課を整備することにより，事務処理面から国立大学の入試担当の機能強化を図ろうとした。

　表2-3.は，昭和61年度（1986年度）以降の入試課の整備状況を表したものであるが，入試課長は，それまでに整備されてきた入学主幹を振り替える形で行われた。またこれと併行して，入学主幹や入学試験係の整備についても引き続き実施された。

　入試課の整備は，平成12年度（2000年度）をもって一応終了したが，表2-3.から分かるように，全ての大学に入試課が置かれるようになったわけではない。入試課が設置されている大学は中規模以上の61大学にとどまり，残りの小規模大学は，依然として入学主幹という形をとっている。

第4節　「AO入試」の出現とアドミッションセンターの整備

1．「AO入試」の出現と中教審第2次答申

　前述したように，臨教審第2次答申は，自由で個性的な入学者選抜やアドミッション・オフィスの設置等入試担当機能の強化を訴えていた。

　このような中で，慶應義塾大学では，湘南藤沢キャンパス（SFC）に，総合政策学部と環境情報学部という，「創造型人間の開発をめざす」，新しいコンセプトに基づいた学部が設置されることとなったことを契機に，平成2年度（1990年度）の学生受け入れ当初から，当該両学部の入学者選抜方法の一つとして，アドミッション・オフィスによる入学者選抜（「AO入試」）を導

入した。学部のコンセプトも我が国初めてなら，この入学者選抜方法もこれまでに例のないものであった。

　その特徴は，簡単に言えば，「偏差値などの単一の尺度では測りきれないような，多様な面で特徴のありやる気のあるものを選ぶことを目的としており，そのための出願資格や入試の期日は可能な限りフレキシブルにし」た，誰でも出願できる公募推薦制の書類選考と面接を重視した選抜方法であった。また，総合政策学部・環境情報学部のカリキュラムと表裏一体のものとして位置づけられてもいた[7]。

　このようにして，我が国初めてのアドミッション・オフィスは，米国とは異なり，多様な入学者選抜方法の中の一つに過ぎない「AO入試」を実施する組織として位置づけられることになった。面接と書類選考を重視する「AO入試」は，きめ細かな評価ができる反面，大変な労力を要する選抜方法でもあった。このため，その後「AO入試」を導入しようとする大学は少なく，表2-4にあるように1990年代後半までわずか10前後の私立大学を数えるのみであった。

　このような中で，「21世紀を展望した我が国における教育の在り方」について審議していた中教審が，平成9年（1997年）6月26日の第2次答申において，評価尺度の多元化と選抜方法の多様化の一層の促進を図る観点から，「アドミッション・オフィスの整備」について，次のような提言を行った。

　　「我が国においても，こうした例（米国におけるアドミッション・オフィス（A.O.）の例…引用者注）を参考としつつ，我が国の大学の特性を踏まえた日本型のA.O.の在り方を検討し，その格段の整備を図っていくことが望まれる。その際，日本型のA.O.が有効に機能するため，どのような役割や権能をこれに付与するか，どのようにこれを担う人材を確保していくかといった課題について，従来の大学の組織運営の在り方などにとらわれない柔軟な発想で検討が進められることを期待したい。また，A.O.の整備に当たっては，例えば特別の選抜方法を採るなど選抜方法の多様化や評価尺度の多元化に積極的に取り組む大学から，順次これを進めていくことが望まれる。」

見てすぐ分かるように，この提言は，「AO 入試」について直接には触れていない。しかしながら，「日本型の A.O. の在り方」，「A.O. の整備に当たっては，例えば特別の選抜方法を採るなど選抜方法の多様化や評価尺度の多元化に積極的に取り組む大学から，順次これを進めていくことが望まれる。」等の表現から，当時特定の私立大学で細々と事実上行われていた「AO 入試」が，オーソライズされたものと受けとめられるようになった。

　現に文部省は，この提言を受けて，国立大学にも「AO 入試」等を実施する組織としてアドミッション・オフィスを整備し始めることとし，冒頭にも述べたように，平成11年度（1999年度）に東北大，筑波大及び九州大の3国立大学にアドミッションセンターの設置が認められた。

　これを契機に，平成12年度（2000年度）入試において，「AO 入試」を導入する大学は表 2 -4. にあるように私立大学だけの13大学から国，公立大学を含む75大学へと急増し，以来，平成12年（2000年）は，「AO 入試元年」と呼ばれるようになったのである。

　勿論，「AO 入試」が急増した要因は，国立大学で導入されるまでに行政当局によって認知されるようになったからというばかりではない。「AO 入試」が，推薦入学等の既成の選抜方法と異なり，何らの規制を受けずに大学

表 2 - 4 ．「AO 入試」の実施状況（大学数）

区分	国立	公立	私立	合計
H02 （1990）	—	—	1	1
H06 （1994）	—	—	3	3
H07 （1995）	—	—	5	5
H09 （1997）	—	—	7	7
H10 （1998）	—	—	10	10
H11 （1999）	—	—	13	13
H12 （2000）	3	1	71	75
H13 （2001）	5	3	199	207
H14 （2002）	12 〔978〕	4 〔49〕	270 〔20,460〕	286 〔21,487〕

（注）〔　〕は入学者数。（出典）文部省調べ。

の自由な創意工夫に委ねられていたため，18歳人口急減の中で学生獲得に腐心する大学にとって，大きな魅力となったこともまた忘れてはならない[8]。

いずれにしろ，これを契機に「AO入試」は飛躍的に拡大し，平成14年度（2002年度）には，国立大学12，公立大学4，私立大学270の計286大学で実施され，この選抜による入学者も21,487人に上るという盛況を呈するまでに至っている。

2．アドミッションセンターの整備

表2-5.は，平成11年度（1999年度）から国立大学に設置されることとなったアドミッションセンターの設置状況を表したものである。

アドミッションセンターは以下のようなことを事業内容とする，学内共同教育研究施設として設置された。

表2-5．国立大学のアドミッションセンター設置状況

区分	大学名	組織名	教員(人)	職員(人)	合計(人)
H11 (1999)	東北	アドミッションセンター	3	3	6
	筑波	アドミッションセンター	3	3	6
	九州	アドミッションセンター	3	3	6
H12 (2000)	北海道	高等教育機能開発総合センターアドミッション研究部	3	3	6
H13 (2001)	京都工芸繊維	アドミッションセンター	2	2	4
	広島	高等教育研究開発センター入学者選抜企画研究部	3	3	6
	山口	アドミッションセンター	3	3	6
H14 (2002)	旭川医科	アドミッションセンター	2	2	4
	福井	アドミッションセンター	2	2	4
	高知医科	アドミッションセンター	2	2	4
	長崎	アドミッションセンター	3	2	5

（注）定員は，文部省による予算措置定員であり，実際の配置数とは異なる。

○　「AO入試」の企画立案及び実施。

○　大学説明会，進学指導ガイダンス，体験入学等各種進学情報提供活動の企画立案及び実施。

○　高校の教育内容に関する調査研究，入試データの分析・評価，入学者の追跡調査など，専門的かつ長期的な検討を必要とする入試改善のための調査研究。

　これらの業務を遂行するためのスタッフとしては，教員（教授・助教授），事務職員ともに，2〜3名の予算措置がなされている。このうち事務職員については，全員が入試課等からの振り替えであったが，教員については，平成13年度までは1〜2名の純増が認められた。近年の厳しい定員事情にもかかわらず，なんとかアドミッションセンターの整備と「AO入試」の実施を推進しようとする行政当局の意気込みが窺われる。

　「AO入試」の企画・実施と入試研究を行う学内教育研究施設として設置されたアドミッションセンターではあるが，「AO入試」について専管的に関わっているわけではない。我が国における入学者選抜が現実的に学部中心に行われている以上，例え「AO入試」といえども学部との連携協力なくしては実施できない仕組みになっている。下図は，平成12年度（2000年度）現在における九州大学の例であるが，総長を委員長とする「入学試験審議会」の下に，「AO入試」以外の選抜を所掌する「入学試験実施委員会」と「AO入試」を所掌する「AO方式入学試験実施委員会」が置かれ，さらにこの下

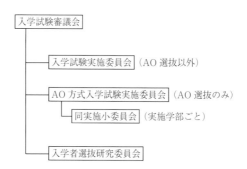

図2-3．九州大学入学者選抜関係学内組織図（平成11年度）
（出典）武谷俊一「平成12年度の九州大学のAO選抜について」
（『大学入試ジャーナル』第11号，2001年），50頁。

に「AO入試」の実施学部毎に当該学部の教員とアドミッションセンターの教員とからなる「AO方式入学試験実施小委員会」（小委員長は学部教員）を置き，当該学部のAO選抜に当たっている。

◆◇◆
第5節　今後の展望

　これまで述べてきたように，我が国の国立大学におけるアドミッション・オフィスは，まず昭和40年代に「入学者選抜方法研究委員会」という入試研究面の整備から始まり，続いて入試課等の入学者選抜事務組織の充実も併せて行われるようになった後，前世紀末には，「AO入試」の企画・実施と入試研究を担当する専門教員が配属された「アドミッションセンター」へと発展してきた。

　最後に，このような経過をたどってきたアドミッション・オフィスの今後の展望について少し触れてみたい。

　言うまでもなく，いま大学は，18歳人口の急減期を迎えて大変厳しい環境に曝されている。特に国立大学は，近々法人化を控え，今までのような経営管理の仕方では立ち行かなくなっていこうとしている。これからは国立大学といえども，しっかりとした大学のミッション（教育理念・教育目標）の下に，全学が一体的になって経営にあたることが是非とも必要になってこよう。

　このような中で，学生募集戦略は，大学経営戦略の中で要とも言うべき位置を占めることになると予想されるが，「選抜」から「相互選択」へと入学者選抜についての鍵概念が変化する中，これまでのような大学側の圧倒的な売り手市場[3]を背景とした「選抜」に安住することはもはや許されない。先の中教審答申（昭和11年12月16日）の提言にもあるように，大学（学部・学科）の教育理念等に応じた入学者受入方針（アドミッション・ポリシー）を確立して，それに基づいた入学者選抜がなされることは勿論であるが，単にそれにとどまらず，入学後の教育をも視座に置いた，アドミッション・ポリシー，選抜方法，及び教育システムの三者が教育理念・教育目標の下にそれぞれ相互に一貫して関連づけられた入学者選抜システムの構築が重要になっ

3　p.13の注と同様に「買い手市場」が適切と思われる。

てくると思われる。

　その際，アドミッションセンターを現在のように「AO入試」だけの限定的な組織として位置づけ，相変わらず旧来の学部中心の分散された入試体制を採り続けることが果たして良策かどうか疑問なしとしない。研究面だけではなく，実施面においても，アドミッションセンターを入学者選抜の文字通り中核施設（センター）として位置づけることが必要になってくると考えられる。

　さらに，単に入学者選抜機能を統合化するだけではなく，教育機能の面についても包含した入学・教育・卒業を一貫的に遂行する組織の構築もまた重要になってくると思われる。その意味で，山口大学が平成13年（2001年）に立ち上げた「大学教育機構」という組織は，既存のアドミッションセンターと大学教育センター，留学生センター，学生支援センターをサブ組織として包含した，学生の入学から卒業までを所掌するこれまでにない組織であり，まさに先駆的な取り組みとして注目される。

文献（追加分）

木村 拓也（2014）．大学入試の歴史と展望　繁桝 算男（編）　新しい時代の大学入試（pp.1-35）金子書房（編者注）

文部省大学学術局大学課（1971）．国立大学における入学者選抜方法研究委員会の概要　大学資料，**38**，30-37（編者注）．

注

1）村井実『アメリカ教育使節団報告書』（講談社学術文庫，1979年），32，33頁。

2）中教審の最終答申は，中間報告の内容をほとんど受け継いだ形で，昭和38年1月28日に出されたが，最終答申が出される前に，中間報告を受けた形でその実施主体である能力開発研究所の設立が行われているのは興味深いものがある。

3）天城勲「能力開発研究所の構想」（『文部時報』1963年4月号），12頁。

4）昭和43年度及び昭和44年度の「大学入学者選抜実施要項」（文部省通知）に添付された「参考資料」参照。なお，黒羽亮一『新版戦後大学政策の展開』（玉川大学出版部，2001年），132頁には，そのうち昭和44年度の概要が掲載されている。

5）文部省大学課「国立大学における入学者選抜方法研究委員会の概要」（『大学資料』第38号，1971年），30〜37頁参照。

6）黒羽，前掲書，149，150頁参照。

7）鵜野公郎「SFCの目指すものとAO入試」（『IDE』第338号，1992年），13〜15頁参照。

8）「AO 入試」の普及とともに，文部科学省は，平成14年度入試から，「大学入学者
選抜実施要項」に「AO 入試」についての規定を設けるようになっている。それに
よれば，「AO 入試」を「詳細な書類審査と時間を掛けた丁寧な面接等を組み合わせ
ることによって，受験生の能力・適性や学習に対する意欲，目的意識等を総合的に
判定する」選抜方法と位置づけ，「学力検査を課す場合は，これに過度に重点を置
いた選抜基準とすることのないよう留意する」とともに，「受験生自らの意志で出
願できる公募制の選抜」とするとしている。また，実施時期についても，学力検査
を課す場合はその期日は一般の学力試験期日に従うとともに，学力検査を課さない
場合には，通常の試験期日によることはないが，「高等学校教育に対する影響に十
分配慮し，時期，方法等に関し受験生に対し過度に負担となることのないよう適切
に定める」ものとしている。

（備考）本稿は，「国立大学におけるアドミッション・オフィスの歴史的発展過程」
　　　　（大学入試センター研究開発部『リサーチノート』RN-02-09，2002年）をも
　　　　とに，一部加筆修正を加えたものである。

第 **3** 章

「大学入試学」の提唱
—— 東北大学におけるアドミッションセンター構想（草創期）——[1]

東北大学・高度教養教育・学生支援機構・教授　倉元　直樹

第1節　東北大学における入試専門教員組織の沿革

東北大学アドミッションセンターの設立は平成11年（1999年）4月に遡る。平成12年度（2000年度）から開始されることとなっていた国立大学初のAO入試を担当するために設けられた入試専門教員を含む新しいタイプの組織という位置づけであった。規程上は，研究開発部門，企画・広報部門，実施部門の3部門からなり，入試の実施を担う兼任教員を含む大所帯に見えるが，実質的にも学内外の認識においても専任教員3名と学部教授が兼任するセンター長の4名からなる小さな組織であった。

その後，国立大学の法人化を契機に平成16年（2004年）10月からは他の学内組織と統合され，専任教員の所属組織は高等教育開発推進センター高等教育開発部入試開発室となって現在に至っている。我々の所属は入試開発室にあるが，一般入試を含めた入試の実施は高等教育開発推進センターの中に新たに設けられた「東北大学入試センター」というやや紛らわしい名称の業務組織の下で行うこととなった。組織的にはやや複雑な両属関係となっている。

1　本章は，独立行政法人大学入試センターの機関誌であった『大学入試フォーラム（現在は廃刊）』の第29巻に「東北大学における『アドミッションセンター』の取組と課題」と題して掲載された文章をそのまま再録したものである（倉元，2006，文献リストは第1部・Introduction「『大学入試学』構想の源流をたどる」末尾に記載）。「大学入試学（Admission Studies）」という用語が初めて用いられた。著者の執筆当時の所属・肩書は「東北大学高等教育開発推進センター・助教授」。

◆◇◆
第2節　アドミッションセンターとAO入試

　東北大学のAO入試は工学部が平成2年度（1990年度）から実施していた推薦入学を切り替え，それに歯学部が加わる形でスタートした。AO入試の募集人員を別枠として学部の入学者定員から引き剥がすこともなく，学部（部局）主導の色彩が濃厚な体制であった。逆に言えば，入試に対する部局の主導権を保ったことによって，アドミッションセンター創設に向けての学内的なコンセンサスを取り付けることが可能となったのではないかと想像される。アドミッションセンター長[1]は部局の回り持ちで，学部を持つ部局の教授が兼務することとなっていた。実質的には評議員経験者のポストとして運用されていたようだ。規程上の任期は2年であったが，初代から4代目までのセンター長は諸事情により1年で交代となっている。副学長が職指定でセンター長を兼務する大学が多い中，東北大学アドミッションセンターの組織上の大きな特徴であったと言える。

　このような体制で意識せざるを得なかったのは，組織の学内的立場の脆弱性と不安定性である。端的に言えば，AO入試とアドミッションセンターの「距離感」の計り方が，新しい組織の今後を占う最大の鍵となると思われた。

　アドミッションセンターの発足当時，その職掌はAO入試と推薦入学などの特別選抜に限定されていた。そもそも新しく始まったAO入試という区分が長期間存続し得るものなのかということも，当時は確信が持てなかった。アドミッションセンターにとってAO入試の遂行を唯一絶対の使命とするならば，組織はAO入試と一蓮托生の運命を辿るのが必然である。他方，AO入試に関わる実質的な意思決定の権限は個々の部局にあって，自分たちの自由にはならない状況だった。

　そこで，当事者として考えたのはアドミッションセンター組織をAO入試という特殊な入試枠組から可能な限りの距離を取った地点に置き，組織の役割と存在意義を別個に自己規定する戦略である。コンセプトの中心に据えたのは，東北大学の入試を研究面からバックアップするシンクタンクとしての機能であった。手始めにアドミッションセンターの英語名を「Admission Research Center」とし，「Research」の一語を入れ込むことにより，入試研究組

織としてのアイデンティティを示すこととした。翌年には他大学のアドミッションセンター，大学入試センター研究開発部の協力を仰いで科学研究費を獲得し，大学横断的な入試研究プロジェクトを発足させた[2]。研究計画は 3 年であったが研究期間の終了後は事務局が筑波大学に引き継がれて新たな科学研究費補助金を獲得し，参加大学も拡大して実質的に 6 年間継続した。さらに，個人的には入研協で毎年 1 件ずつ学内他部局との共同研究の成果を発表することを心がけた。なお，その試みは現在も継続している[2]。

　同時期にアドミッションセンターを発足させた他の 2 大学が，教員組織と AO 入試を一体化させた上で，AO 入試の名称と実施形態を他大学と差別化する戦略を取ったこととは好対照の戦略であったと言えるかもしれない。

◆◇◆

第 3 節　東北大モデルの AO 入試の構築

　自ら入試研究組織としての志向性を打ち出したところで，周囲に同じ目線で認知してもらえる訳ではない。当然，東北大学の AO 入試をどのように企画，設計し，運営していくかということが発足当初の最大の使命となった。

　東北大学の入試の主体は部局にある。したがって，次に直面するのは AO 入試の業務の中で，個々の部局との協力関係をどう構築していくかという課題であった。この点では，実は，「弱い」組織として設計されていたことが結果的に功を奏したと感じている。

　部局中心の AO 入試運営とは，AO 入試を実施するかしないか，実施するとして，方法をどう策定するのか，一定の制約の中で部局の意向が最優先されるということである。こうした風土では，大学として統一した形式を整えることが難しい反面，現場の実情に応じた柔軟な方針を取りうる点では大きなメリットがある。大規模組織の多様な実情の機微を短期間で正確に把握することは難しい。大学としての統一性を最優先して一つの枠を全体に当てはめようとすれば，どうしてもどこかに無理が生じて軋轢が生まれる。幸い，と言うべきか，アドミッションセンターは部局に対して上から物を言える立

2　当時。現在も継続されている訳ではない。この種の最新の研究を本書第12章に再録した。

場ではなかった。部局のニーズに応じたサポートに徹するしか道はなかった。

　例えば，工学部の AO 入試は当初から募集人員が合計199名と非常に多く，その実施を少人数のアドミッションセンター専任教員が請け負うのは事実上不可能であった。部局の入試担当委員と意見交換を重ね，意思疎通を深め，入試の現場での実情を少しずつ理解した上で，一つひとつの具体的な問題に対して，一体となって解決策を講じて行った。そのプロセスを通じて，徐々に互いに対する信頼感が醸成されていったものと感じている。逆に，アドミッションセンターの関与の必要性を感じていない部局に対しては，信頼して全てをお任せし，無用なお節介をしないように自制を心がけた。

　このような経緯を経て，結果的に先行した部局が後発の部局に雛形を提示するような形で，数年掛けて徐々に「東北大モデルの AO 入試」が熟成されて行った。その特徴は木村・倉元（2006）にまとめられているが，簡潔に概略を述べれば以下のようなものである。

　学部入試においては「研究中心大学」という東北大学の理念に合致した教育に相応しい人材を長期的，安定的に確保することが最大のミッションとなる。東北大学では，一般入試と主要な区分の AO 入試でターゲットとなる志願者層を区別しない。研究活動の基盤としての基礎学力の重視は全ての入試区分を通じた共通要素であり，AO 入試は「強い第一志望の志願者のために設けられた特別の機会」という位置づけである。したがって，選抜の場面に徒に多大な労力を投入することはしないし，入学後も一般入試を経てきた者との区別はない。学生母体の供給源である高校教育の流れに沿い，可能な限り高校の教育活動を支援する入試形態を構築する。東北大を目指す学習活動のスケジュールの中に AO 入試を取り入れてもらおうという発想である。

　現在，東北大学の AO 入試では少数精鋭の志願者がしのぎを削る状況となっている。志願倍率が高くないにも関わらず，AO 入試で不合格となって一般入試に再チャレンジし，それを突破してきた入学者がここ数年，毎年100名を超えているのである（木村・倉元，2006）。東北大学では入試単位として11部局の区分がある。一般入試後期日程の廃止の動向ともあいまって，そのうちの10部局が平成20年度までに AO 入試導入を決定している。「東北大モデルの AO 入試」に対する学内各部局からの「外部評価」と受け止めている。

第4節　AO入試と高大連携

　東北大モデルのAO入試で重要なのは，ユニークな選抜方法のアイデアではない。如何にして高校生の学習意欲と進学動機を喚起して東北大学第一志望の生徒を高校教育の中で育んでもらい，最終的に出願までつなげていくかという一連の流れである。そういう意味で，大学の魅力を伝える入試広報活動，高大連携活動の役割は大きい。

　様々な入試広報の中でも，7月末の2日間に行われるオープンキャンパス（以下，OCと略記する）が最も重要なイベントであることは疑いない。平成11年（1999年）には6,300名程度であった参加者は年々増加の一途を辿り，今年（平成18年［2006年］）は貸切バス289台を迎え，参加者数も23,000名を超えるまでに拡大した。国公立大学では最大規模のOCであろう。研究活動を中心として，大学の営みに直接触れることで，参加者に日常の学習活動の先に見える将来を意識してもらうのが狙いである。入試そのものとの連動性が全くないにも関わらず，現在，新入生の約45%がOCの参加経験者である。さらに，その約8割がOCを「決め手」，「参考」として進路を決めている（鈴木・夏目・倉元，2003）。学部学生の約6割弱を東北地方以外の出身者が占めることを考えると驚異的な数値である。その上，最終的に入試に合格して入学してくるOC経験者は，OC未経験者に比べてAO入試から受験してくる比率が格段に高いことも分かっている。

　OCの実施場面において我々の出番はあまりない。これだけの規模のOCを支えているのは部局の自主的な取り組みであり，裏で支える事務スタッフの高いモラールである。そういった部局の活動の参考となる情報を把握し，伝えることが我々の主たる役割と考えている。鈴木・夏目・倉元（2003），倉元・山口・川又（2006）のような研究論文としての発表の他，学内の入試関連委員会で報告を行い，OCの重要性の周知に務めてきた。

　一方，我々自身の広報活動の中心は学外に出かけて行って高校とのインターフェイスの役割を取ることに主眼が置かれている。例えば，高等学校の進路指導教員を対象とした入試説明会は毎年5～7月頃を中心に15,6回実施している。その他，民間の教育産業主催の入試説明会への参加，高校を訪問

しての教員との意見交換，生徒に対する大学説明，大学案内の設計など，広報活動に割く時間と労力は大きい。その中で大切なのは，双方向のチャンネルを開いておくことだと認識している。すなわち，高校側に大学の情報を伝えるだけではなく，高校が東北大に期待する役割，入試や教育研究に対する率直な意見を集め，入試改善や入試研究のアイデアにつなげていくことである。大学からの一方的なアプローチだけでは独善に終わる。高校のニーズを的確に捉え，学内にフィードバックしていくことが入試専任教員としての広報活動の重要な意義と心得ている。

第5節　高等教育開発推進センターへの併合

　発足当初から，アドミッションセンターが当初の形態のまま長期間存続する可能性は小さいと感じていた。そして，遠くない将来の組織像として基本的に二つの可能性を視野に入れていた。一つは入試研究の専門部署としての位置づけである。先述の通り，各種の共同研究活動とAO入試の企画実施を通じて実績を重ねる努力を行った。もう一つの可能性は高大連携の中核部署としての生き残りである。その可能性については，日常的な入試広報活動の他，学内他部局と高大連携活動の共同研究で科研費を獲得[3]し，研究実績を残してきた（倉元・三原・小野寺・鈴木，2005）つもりである。

　高等教育開発推進センターへの併合によって，結果的に前者の機能がより強く求められるものとなった。同センターは3つの「部」，その下に9つ「室」を置き，専任教員数も60名近い大所帯である。全学教育[4]を中心とした学生支援の部局という位置づけである。その1セクションとして，学生相談室や保健管理室などとともに入試開発室が組み入れられた格好となっている。日常的に他のセクションと協同で行う業務は少ない。最も大きな変化は一般入試も含めた学部入試の企画・研究が職掌に含まれるようになったことである。守備範囲は広がったが，入試研究や広報活動においては名目上の制約が取れ，活動しやすくなったと言える。

　さらに，一部に高等教育開発部としての活動が加わった。その部分については従前から行ってきた高大連携活動，入試広報活動に全学教育，学部教育

が連動する形で広がりが出てきている。具体的には「東北大学高等教育フォーラム」と銘打ち，高校，大学教員を主対象として，東北大の全学教育や入試に関わるシンポジウム的な催しを年2回のペースで開いてきた。

　現在，入試開発室の役割は入試広報の中核を担うとともに，部局の学部入試のコンサルタントとしての性格が色濃くなってきた。東北大学の中期目標・中期計画の中では，追跡調査も大きな業務となっている。有意義な調査計画の策定に向けて独自にその基盤となる基礎研究を進める（倉元・奥野，2006）とともに，大学入試センター研究開発部に協力を仰いで方法を模索しているところである。他にも新たな業務は有るが，紙面の都合で割愛する。

第6節　大学入試研究の継続性に向けて

　アドミッションセンターの黎明期は過ぎ，時代は次のフェイズに突入した。その認識の下，僭越を承知の上で最後に残された課題について述べる。

　現在，少子化による18歳人口減少の中，学生獲得戦略ばかりがクローズアップされる傾向にある。しかし，本来，真に重要なのは実践的，目的志向的な調査研究に基づく入試戦略の策定ではないだろうか。個別大学の立場では，自らの大学のアドミッションポリシーに合致した人材の獲得が使命となるのは当然である。しかし，近視眼的な個別利益の追求は次第に高校以下の教育を疲弊させる帰結をもたらす。理想論を廃し，所与の条件への現実的な認識を前提として，長期的に大学や社会全体にどのような人材を供給していくべきかという視点は欠かすことができない。個別利益と全体の利益，短期的利益と長期の利益の調和をどう図るのか。入試研究は大学が直面する問題解決の基礎として必要不可欠なものである。大学の大衆化が後戻り出来ない状況まで進んできた現在，将来のわが国の教育を支えるために「大学入試学（Admission Studies）」を構築し，確立していくべき時期ではないだろうか。

　個別大学の入試を企画，設計する立場で見たとき，実践的な入試研究の必要性に対する実感は益々強くなっている。例えば，東北大学の入試が高校教育に対する影響等について調べた研究（倉元，2006）や後期日程廃止問題に対する高校教員の反応を分析した研究（倉元・西郡・佐藤・森田，2006）は，

東北大学の入試の方針を探るに当たっては重要な資料となると考えて行ったものである。こういった調査，研究，状況分析の裏づけなしに責任ある意思決定を行うのは難しい。大学入試研究にはそれ特有の高度な理論や先端的な技術が必要なわけではない。基本的にはその場で使える学問的技法（discipline）を駆使して，具体的，暫定的な問題解決につながる情報を得ることができればよいのである。アドミッションセンターの機能を単なるリクルーターやAO入試の実働部隊とみなし，活動をその中に封じ込めるのは，わが国の大学の将来にとって不幸な事態ではないだろうか。

同時に，大学入試センター研究開発部が担っている役割の重要性も再認識させられている。大学が直面する問題に対する解決策を探るための基礎的な入試研究には，大学入試センターのように全国の大学入試データを扱わなければ不可能なテーマが必ず存在する。例えば，山田・石塚（1988）の研究は，入試機会の複数化によって，かえって「一発勝負」の共通1次が合否を左右する傾向が強まったことをあらわにした[5]。植田・内海・平（1996）は，センター試験の全国データを手がかりとして，志願者数の増加が入学者の質の向上にはつながらないことを示した。最近では，鈴木・鳴野（2005）の研究が入試科目増の志願動向への影響を分析している。こういった研究は，個別大学の持つ情報だけでは遂行できないものである。個別大学における入試研究活動は，大学入試センター研究開発部による広い視野からの研究の支えがあって，初めて生かされるのだと感じている。

長期的なビジョンで将来を考えたとき，最大の課題は入試研究の継続性にある。すなわち，大学入試研究を担う人材をどこでどのように育てていくのかという問題である。これまでは，大学入試センター研究開発部が，唯一，大学入試研究者の養成機関としての機能を有していた。しかし，大学入試センター研究開発部から個別大学のアドミッションセンターへ異動して，立場を変えて入試研究を継続している事例は数少ない[6]。これから重要性を増すことになるであろう個別大学における入試研究の規模を考えると，大学入試センター研究開発部だけに人材供給の責を負わせるのは酷に過ぎる。

大学入試の改善につながる研究はどのように積み重ねていけばよいのだろうか。研究成果の発表機会としては，今年度より新しく生まれ変わった全国大学入学者選抜研究連絡協議会（新入研協）の存在が大きい。しかし，委員

会方式で短期間にほとんどのメンバーが入れ代わってしまう体制では限界があるのも事実である。大学入試研究を行う母体は，（各大学の方針に依存するが）個別大学のアドミッションセンターの活用で実現可能であろう。あとは，そこに送るべき人材の育成システムが必要である。全国の大学のアドミッションセンターにどのようなプロセスでどのような人材を供給していくべきか。個別大学のアドミッションセンター自身が教育，育成機能を持つことが，次の時代に向けての大切な課題となると考えている。そして，近い将来，東北大学がその重責の一端を担えるようになることが，私個人のささやかで，かつ，切実な願いである。

文　献

木村 拓也・倉元 直樹（2006）．戦後大学入学者選抜制度の変遷と東北大学の AO 入試　東北大学高等教育開発推進センター研究紀要，**1**，15-27.

倉元 直樹（2006）．新教育課程における東北大学の入試と教育接続——主に理科・情報，および，入試広報の観点から——　東北大学高等教育開発推進センター研究紀要，**1**，1-14.

倉元 直樹・奥野 攻（2006）．「追跡調査」の技術的検討——東北大学歯学部の事例——大学入試研究ジャーナル，**16**，21-29.

倉元 直樹・三原 毅・小野寺 淑行・鈴木 敏明（2005）．大学体験と学習意欲　大学入試研究ジャーナル，**15**，1-7.

倉元 直樹・西郡 大・佐藤 洋之・森田 康夫（2006）．後期日程入試の廃止問題に対する高校教員の意見構造　東北大学高等教育開発推進センター研究紀要，**1**，29-40.

倉元 直樹・山口 正洋・川又 政征（2006）．東北大学工学部の AO 入試——受験者アンケートの分析を中心に——　国立大学入学者選抜研究連絡協議会第26回大会研究発表予稿集，37-44.

鈴木 規夫・鴫野 英彦（2005）．センター試験利用教科・科目増の影響——平成15年度と平成16年度のセンター試験利用状況の比較を通して——　大学入試センター研究紀要，**34**，59-88.

鈴木 敏明・夏目 達也・倉元 直樹（2003）．オープンキャンパスと AO 入試　大学入試研究ジャーナル，**13**，7-10.

植田 規史・内海 爽・平 直樹（1996）．愛媛大学医学部における小論文入試への取り組みとその成果について　大学入試センター研究紀要，**25**，1-40.

山田 文康・石塚 智一（1988）．国公立大学における受験機会複数化のもとでの受験者の行動　大学入試センター研究紀要，**17**，1-27.

注

1）初代アドミッションセンター長中塚勝人先生を初めとして，現在の東北大学入試

センター長鴨池治先生に至るまで，歴代のセンター長には格別のご高配をいただき，また，大変なご苦労をお掛けいたしました。この場を借りて厚く御礼申し上げます。

2）「高校と大学のアーティキュレーションに寄与する新しい大学入試についての実践的研究」平成12〜14年度日本学術振興会科学研究費補助金（基盤研究［A］），研究課題番号 12301014，研究代表者 夏目達也

3）「高大連携システム構築のための基礎研究─主として高校生向け大学体験講座を対象に─」平成13〜15年度，日本学術振興会研究費補助金（基盤研究［B］），研究課題番号 13410030，研究代表者 鈴木敏明

4）かつてのいわゆる一般教養。

5）この解釈は筆者によるものであり，原著者が直接そのように主張していたわけではない。

6）私の知っている限りでは，自分自身を含めてまだ3例しかないはずである。

第  章

「大学入試学」の展開
——東北大学におけるアドミッションセンター構想（転換期）——[1]

東北大学高度教養教育・学生支援機構　教授　倉元　直樹

第1節　はじめに

　東北大学は全国の国立大学に先駆けて平成12年度（2000年度）から AO 入試を導入した。AO 入試等を担当する組織として平成11年（1999年）4月にアドミッションセンターが設立された後，新たに発足した高等教育開発推進センターの一セクションに改組され，現在に至っている[1]。この間の経緯は本誌上ですでに報告済み（倉元，2006）なので，本稿では，より具体的に現在の入試開発室における現状の活動と課題について，整理を試みる。

第2節　高等教育開発推進センター評価報告書

　表4-1は，平成20年（2008年）3月に実施された高等教育開発推進センターの自己評価・外部評価の際，入試開発室及び入試センターに関わる業務・事務内容として提出したものである。評価は基本的に平成16年（2004年）10月の高等教育開発推進センター発足後の活動を対象としたものだが，従前から継続している活動もある。開始及び終了年度が明確な場合にはカッコ書きでその時期を記載した。一部に高等教育開発部[2]としての業務も含ま

1　本章は，第3章の原典執筆2年後に独立行政法人大学入試センターの機関誌であった『大学入試フォーラム』の第31巻に第3章の原典と同一のタイトル「東北大学における『アドミッションセンター』の取組と課題」と題して掲載された文章である（倉元，2008，文献リストは第1部・Introduction「『大学入試学』構想の源流をたどる」末尾に記載）。本章では一部を除いて原文をほぼそのまま再録した。著者の執筆当時の所属・肩書は「東北大学高等教育開発推進センター・助教授」。

表 4-1. 東北大学高等教育開発推進センター高等教育開発部入試開発室の業務・事務

高等教育開発部業務	高等教育開発部事務事業
高等教育及び教育接続に関する研究開発	①東北大学高等教育フォーラムの開催（H16～） ②学士課程教育プロセスから見た全学教育評価研究（H19～） ③履修証明に関する研究（H17～）
入試開発室業務	入試開発室事務事業
1．東北大学の入試改善に関わる研究	①東北大学の追跡調査に関わる研究及び実施（H16～） ②AO 入試とオープンキャンパスに関する新入学生アンケート（H12～） ③成績調整方法の改善に関わる研究（H18～） ④AO 入試の実施方法改善に関わる研究（H14～） ⑤補習教育に関わる高校の教育状況，入試，入試広報効果の研究（H15～）
2．入試全般及び教育環境に関わる研究	①AO 入試の実施状況に関わる調査研究（H12～） ②海外の入試制度，教育制度の調査研究 ③国立大学における入試の多様化とアドミッションセンターの機能に関する研究（H16～H18） ④大学入試の公平性に関わる研究（H15～） ⑤大学入試学の構築に向けての基礎研究（H15～）
3．入試広報及び高大連携の企画・実施	①大学案内の企画・作成 ②オープンキャンパスの実情視察及び環境整備 ③高校教員対象の入試説明会 ④受験生対象の入試説明会 ⑤高校訪問・高大連携事業
4．AO 入試・一般入試等の企画，コンサルテーション及び実施	①東北大学における入学者選抜方略の理論的整備 ②学部対象 AO 入試説明会の実施（H18～） ③AO 入試に関する学部別実施単位別聞き取り調査及び学部別コンサルテーション ④大学院入試実施体制の整備 ⑤センター試験，一般入試及び AO 入試の実施

れる。

　以後，表 4-1 に掲げられた各項目の内容を適宜抜粋して記述する。

第 3 節　高等教育開発部としての業務

　設立の経緯，業務内容，日常の活動場所が異なるために寄合所帯という感覚が拭い切れない高等教育開発部にとって，合同で行う業務は組織の一体性を体現するには重要な機会である。三つの事務事業のうち，特に重要なのは「東北大学高等教育フォーラム」である。

表 4 - 2. 東北大学高等教育フォーラム一覧（高大接続関係分）

	実施日	タイトル	講演・現状報告	参加者数
第 1 回	H16.12.13	新時代の大学教育を考える——新教育課程における高校理科教育の現状——	基調講演者 2 名（広島大，東北大），現状報告者 3 名	58名
第 2 回	H17.5.20	新時代の大学教育を考える（2）——高校での数学教育の現状と東北大学の入試・教育の課題——	基調講演者 2 名（東北大，慶応大），現状報告者 3 名	143名
第 4 回	H18.5.18	新時代の大学教育を考える（3）——高校英語教育の現状と東北大学における英語教育——	基調講演者 2 名（茨城大，東北大），現状報告者 3 名	124名
第 6 回	H19.5.17	理科実験の可能性を探る——高校・大学での実践例と東北大学の挑戦——	基調講演者 2 名（北海道大），現状報告者 3 名	106名
第 8 回	H20.5.16	高校教育と大学入試：「AO 入試」の10年を振り返る——接続関係の再構築に向けて——	基調講演者 2 名（東北大，福井大），現状報告者 3 名	177名
第10回	H21.5.15	高大連携活動：学習意欲の喚起と大学への橋渡し——大学体験型イベントの教育効果と大学入試——	基調講演者 2 名（新潟大，長崎大），現状報告者 3 名	—

　東北大学高等教育フォーラムは，平成16年（2004年）12月に第 1 回を実施して以来，平成20年（2008年）11月まで毎年春秋に 2 回ずつ実施され，本稿執筆時点で 9 回の実績を重ねてきたシンポジウム形式のイベントである。第 1 回を例外として，秋に実施の奇数回のテーマは大学運営である。IDE 東北支部主催の IDE 大学セミナーを兼ねて開催している。第 1 回及び偶数回のテーマは，大学入試を含む高大接続関連のものである。表 4 - 2 に春のフォーラムのテーマ等を示す。この企画は高校現場との意見交換という意味でも貴重な機会となっている。

第 4 節　東北大学の入試改善に関わる研究

　東北大学の入学者選抜方法の設計，および，改善に直接資するための研究活動は，言わば入試開発室の根幹をなす活動であり，セクションの存在意義を示す重要な業務である。

1．追跡調査

　全学レベルの追跡調査は東北大学の中期目標・中期計画との関連で年度計画に書き込まれてアドミッションセンターに割り振られた。その業務を入試開発室が引き継いだ。

　追跡調査は手間の割に方法論的に大きな困難を抱え，結果の解釈も制約される（倉元・奥野，2006）。特別な知恵はないが，大学入試センター研究開発部の協力[3]の下，分析を継続している。AO入試で入学した学生の成績が概ね良好であることは確認されている。

2．AO入試とオープンキャンパスに関わる新入学生アンケート

　東北大学のAO入試開始初年度から継続的に実施している。東北大学では入試を教育の一環として位置づけ，当初から「学力重視のAO入試」を貫いているが，その成果を検証するにあたって，貴重な資料として機能している（例えば，西郡・木村・倉元，2007）。

3．その他

　東北大学は個別試験の理科で得点調整を行っていることを選抜要項で公表している。入試関連の委員会でその見直しが提言され，検討を行った。その結果，調整方法に大きな問題はなく選抜の公平性に寄与していることが確認されたが，新たな問題点も見出された（倉元・西郡・木村・森田・鴨池，2008）。研究業務は実質的に平成19年度（2007年度）をもって終了したが，成果は毎年の作題委員会において還元されている。

　このように，その時点における様々な課題に応じた実証研究を行い，研究成果に基づいて当面の問題解決策や方向性を示すことが入試開発室の大切な使命となっている。入試広報から入学後の教育まで，幅広い研究テーマが現われてくる。

第5節　入試全般及び教育環境に関わる研究

　前述の東北大学の入試改善に直接資する研究の基盤となるのが，わが国の

大学入試全般に関わる研究である。「AO 入試の実施状況に関わる調査」の実施は平成19年度（2007年度）入試を対象とした調査で終了したが，AO 入試全般の動向を捉えたという面で全ての大学にとって意味があると考えたい。海外の大学入学者選抜制度に関する動向調査等も同様の役割を担っている。

1．大学入試の公平性に関わる研究

　個人的には，大学入試が公平であるべきという大原則が，近年，ないがしろにされていると感じることが多い。重箱の隅をつつくような議論は問題外だとしても，大学入試の制度や方法が「公平」と認識されない限り，モラルハザードを招くことが懸念される。これまで，社会心理学的公正研究の諸理論を援用することで，大学入試の公平性という問題について従来から論じられてきた教育機会均等論等とも異なる新たな論点を切り開いたことがこれまでの成果である（西郡・倉元，2007）。個別大学において具体的な大学入試実施方針の策定で参考になる点に大きな特徴がある。

2．大学入試学の構築に向けての基礎研究

　教育の一環である東北大学の入試を支える研究センターとして，入試開発室にとっては極めて大きな課題と言える。この問題に関しては，後に改めて論じることとしたい。

◆◇◆
第6節　入試広報及び高大連携の企画・実施

　広報，高大連携，入試の企画・実施といった業務は，入試開発室よりも入試センターの業務という色彩が濃い。入試課を中心とした事務部門との連携，学内の入試関連委員会との関係がより重要となる。実質的な実務としては，入試広報・高大連携に関わる業務が量的，時間的に大きな部分を占めている。以下，概略について簡単に述べる。

1．大学案内の企画・作成

　東北大学案内は受験生が東北大学に最初に触れる冊子媒体として重要であ

る。大学の概要，研究教育活動内容，周辺の環境等，高校生や受験生が関心を持つ情報について満遍なく分かりやすく示すため，毎年，7月末に2日間実施されるオープンキャンパスに向け，新しいコンセプトとデザインで作成している。

2．オープンキャンパスの実情視察及び環境整備

　オープンキャンパスは東北大学の高大連携活動の中核をなす極めて重要なイベントである。受験生に対して東北大学の魅力を伝えるのみならず，高校生の学習意欲を喚起するために欠くことができない。年々参加者が増え，規模が拡大してきた。平成19年度（2007年度）には延べ36,000名以上の参加者が集まり，その規模で全国第5位にランクされた（朝日新聞出版，2008）。参加者数は今でも拡大傾向にあり，平成20年度（2008年度）には41,000名を突破した。

　オープンキャンパスの実施内容は各部局の裁量に任されており，入試センターはその下支えをする役割である。案内資料の作成は入試課の役割である。加えて，仙台市内に点在する4つのキャンパスの状況把握が重要である。規模が拡大するにつれて，交通手段，救護等に関する体制整備が難しくなっている。部局任せにはできないので，全学体制でのマネジメントが必要となる。実務は入試課を中心とした事務方が担うが，現場に出向いて問題点を拾い上げてフィードバックし，可能な限り鳥瞰的な情報把握をして次年度の準備につなげていくことが入試開発室教員の役割となっている。

3．入試説明会

　東北大学主催の入試説明会には二つの活動がある。一つは進路指導担当教員向けのもので，アドミッションセンター設立当初から継続している。東北地方を中心に毎年15，6ヵ所で実施している。もう一つは受験生を対象としたもので，平成18年度（2006年度）に開始した。これまで，東京と大阪[4]で実施してきた。基本的に高校訪問による広報効果を期待しにくい地域の広報活動である。近年では民間業者主催のものは厳選し，本来的に必要と判断されるもののみに限定して参加している。

４．高校訪問・高大連携事業

　高校訪問は広報のために数をこなすというより，高校との緊密な情報交換のネットワーク作りの意味合いが強い。１回の訪問につき，最低１コマ分は時間を割いていただき，情報交換をするというのが基本スタイルである。相互に信頼関係が構築されれば，希望生徒向けの大学説明会，入試説明会を開催することも多い。参加者１〜２名の個別相談から100名単位の説明会まで，規模とスタイルは高校の事情に応じて様々である。

　平成19年度（2007年度）から開始した事業に「東北大学高等教育開発推進センターアウトリーチプログラム」がある。高校生の進学意欲，学習意欲の向上を目的とした出前授業の一種だが，校外に大ホールを借りて一斉にセンター試験リスニング体験をするのが企画の目玉となっている。初年度は岩手県で約700名（東北大学高等教育開発推進センター，2008），２回目となる平成20年度（2008年度）には青森県で1,200名を集めて実施された[3]。

第７節
AO入試・一般入試等の企画，コンサルテーション及び実施

　全般的にAO入試に対して逆風が吹いている昨今だが，当初から「学力重視」を謳ってきた「東北大学型AO入試」は順調に定着してきた。平成21年度（2009年度）入試からは文学部が加わり，これで全学部が揃うこととなった。すでに合格者全員の入学手続きが完了したⅡ期[5]では，各学部とも過去最高の志願者数かそれに迫るなど，順調に推移している。一般入試では，ご多分にもれず志願倍率が思うように上がらない募集単位もあるが，当面，大きな問題は生じていない。

　東北大学の入試では，入試区分を問わず，学部の主体性を重んじる雰囲気が強い。入試開発室として力を入れてきたのは学部をバックアップするコンサルテーション機能である。主としてAO入試の企画を中心に各学部の個別相談に応じてきた。それに加えて，AO入試が概ね成功しているという認識

3　その後は青森県内で実施され，平成26年度（2014年度）の７回目をもって終了した。

を背景に，平成18年度（2006年度）から年１回，全学部を対象とした「AO入試懇談会」を開催している。一貫した東北大学の入試スタイルの確立に向けて，独立性の強い各部局の足並みを整えるためには貴重な情報交換の場となっている。

◆◇◆
第８節　まとめに代えて

　以上，東北大学の入試開発室の現状の活動について述べてきた。当然のことながら，大学として個別の課題を抱えているのは事実だが，独自には解決しがたい問題，他大学にも共通の問題があるのも事実である。ここでは，5.2節で触れかけて残しておいた「大学入試学」の構築という課題に言及してまとめとしたい。

　前回の報告（倉元，2006）で，教育の一環として大学入試を捉えたとき，中長期的展望で大学入試制度，大学入試方法を設計するためには「大学入試学（Admission Studies）」の構築が必要ではないかとの私見を述べた。そして，

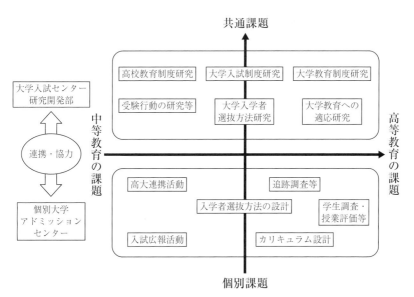

図４-１．大学入試における研究課題，実践課題の概念図

個別大学の立場で行われる入試研究には日本全国を見渡した広い視野から行われる大学入試センター研究開発部の研究が支えとなる必要があると説いた。図4-1は，大学入試センター研究開発部の研究課題と個別大学のアドミッションセンターの実践課題とを思いつくままに並べたものである。縦軸は「課題の共通性」，横軸は高大接続という大学入試の教育的使命から見た「時間軸」を表現したつもりである。一つひとつの課題には軽重があり，入試の基盤を支える基礎研究等，本稿の図では表現し尽くしていないテーマもあろうかと思う。単なる叩き台と捉えて頂ければ幸いである。いずれにせよ，大学入試センターが中軸となって，各大学のアドミッションセンターが連携・協力していくことが重要と考える。

　　最後に残る大きな課題は，人材育成の問題である。学生による入試研究には大きな困難が伴う（倉元，2008）[4]。さらに，入試開発室自体には研究者養成機能はなく，計画的な人材育成の目処は未だ立っていない。是非とも関係者の御理解を賜り，わが国の教育の根幹を実質的に支える大学入試に長期的な展望が開かれるためにも，計画的な入試研究者育成供給システムの構築をお願いしたい。

文　献

朝日新聞出版（2008）．大学ランキング2009.

倉元　直樹（2006）．東北大学における「アドミッションセンター」の取組と課題2006：大学入試フォーラム，**29**，15-23（本書第1部第3章）.

倉元　直樹（2008）．大学入試研究者の育成──「学生による入試研究」というチャレンジ──　全国大学入学者選抜研究連絡協議会第3回大会研究発表予稿集，55-60（取扱注意）.

倉元　直樹・奥野　攻（2006）．「追跡調査」の技術的検討──東北大学歯学部の事例──大学入試研究ジャーナル，**16**，21-29.

倉元　直樹・西郡　大・木村　拓也・森田　康夫・鴨池　治（2008）．選抜試験における得点調整の有効性と限界について──合否入替りを用いた評価の試み──　日本テスト学会誌，**4**，136-152

倉元　直樹・大津　起夫・鈴木　規夫・橋本　貴充（2008）．東北大学追跡調査研究(2)──平成17，18年度入学者の全学的分析および追跡調査データフォーマット整備計画──　東北大学高等教育開発推進センター紀要，**3**，225-235.

4　本書第8章に，その後に論文として発表したものを再録している。

西郡 大・倉元 直樹（2007）．日本の大学入試をめぐる社会心理学的公正研究の試み
　──「AO 入試」に関する分析──　日本テスト学会誌，**3**，147-160.

西郡 大・木村 拓也・倉元 直樹（2007）．東北大学の AO 入試はどう見られているの
　か？──2000～2006年度新入学者アンケートを基に──　東北大学高等教育開発推
　進センター紀要，**2**，23-36.

東北大学高等教育開発推進センター（2008）．東北大学高等教育開発推進センターア
　ウトリーチプログラム(1)：テストって何だろう？，実施報告書.

注

1）教員が所属する高等教育開発部入試開発室，および，業務組織としての入試セン
　ターとなった.

2）高等教育開発部は「入口から出口まで」の学生支援を担当する高等教育開発推進
　センターに設置されている 3 つの「部（division）」のひとつである．主として入学
　後の全学教育や FD 等を担当する高等教育開発室と入試を含む入学までを担当する
　入試開発室のふたつの「室（section）」から構成されている.

3）平成18年度からの 3 年計画で共同研究を行っている（倉元・大津他，2008）．現
　在，さらに 3 年間の延長を計画中である.

4）平成20（2008）年度の大阪会場は東北大学が企画，九州大学，筑波大学，北海道
　大学と合同で実施した.

5）新卒者を対象にしたセンター試験を利用しない入試．他にセンター試験を利用す
　る Ⅲ期などがある.

第5章

国立大学におけるアドミッションセンターの組織と機能[1]

東北大学高度教養教育・学生支援機構　教授　**倉元 直樹**

第1節　問題

　平成26年（2014年）12月22日に出された中央教育審議会答申（中央教育審議会，2014）は，高大接続に関して一体的かつ根本的な転換を迫る内容となっている。論点は多岐にわたるが，個別大学に求められる事項には「アドミッション・オフィスの強化をはじめとする入学者選抜実施体制の整備」という項目が挙げられている。

　アドミッション・オフィスとは単なる事務組織を超えた権限を持つ入試担当部署であり，教員を含む組織との共通認識があるが，主たる役割はAO入試の実施という印象が強い。確かに平成2年度（1990年度）における慶應義塾大学湘南藤沢キャンパスの設立とAO入試導入時に入試担当専門職員が採用・配置された（孫福・小島・熊坂，2004，p.25）ことが嚆矢であり，本格的に広がったのは平成9年（1997年）の中教審答申の日本型アドミッション・オフィス整備の提言（中央教育審議会，1997）を受けて平成11年（1999年）に国立3大学にアドミッションセンター[1)]が設置されてからである。平成12年度（2000年度）の国立大学初のAO入試の導入に向けての設置であり，当事者にもAO入試担当部署という意識が強かった。しかし，実際には早期からアドミッション・オフィス抜きのAO入試が行われていた（大学審議会，2000；倉元，2009）事実もあり，AO入試を導入していない大学にアドミッションセンターが設置されるケースも多い。したがって，組織としてのアド

1　本章は「大学入試研究ジャーナル」第26巻に同一のタイトルで執筆された論文を再録したものである（倉元，2016，文献リストは第1部・Introduction「『大学入試学』構想の源流をたどる」末尾に記載）。原文には和文要旨が掲載されていたが，本章では省略した。著者の執筆当時の所属・肩書は現在と同じ。

ミッションセンターを入学者選抜方法としての AO 入試と一端切り離して，改めて実像を探るべきである。

　AO 入試実施のほか，国立大学のアドミッションセンターには入試広報や学生募集を担う組織としての期待がある。ただし，木村（2008）によれば，広報を主務とするアドミッションセンターのイメージは私立大学に由来するという。むしろ，国立大学に特徴的なのは大学入学者選抜方法研究を目的とした専門組織という位置づけである。長年の入試研究組織の構想が国立大学入学者選抜研究連絡協議会[2]の設立につながり，結果的に AO 入試の実施組織としてアドミッションセンターの設置に発展した経緯がある（鴫野，2003）。現に，各大学で入試広報が盛んに行われているが，公表されている入試広報をテーマとした研究は国立大学によるものがほとんどである（倉元・泉，2014）。

　倉元（2014）はウェブサイトで閲覧可能な規程類を主たる資料として，国立大学におけるアドミッションセンターの組織形態と業務内容の整理を試みた。組織形態においては組織の構造等が着目され，業務内容は主として「入試実施関連業務」「入試広報・高大連携関連業務」「入試研究関連業務」の3種類に分類された。その上で，アドミッションセンターの捉え方に大学ごとに幅があることが示唆された。

　本研究ではそれをさらに発展させ，分類指標を数値化した上で統計的分析を加えることとする。その結果から，組織と機能を関連づけた国立大学のアドミッションセンターの実像について実証的基盤に基づく再認識を試みる。

第２節　方法

1．分析対象

　平成26年度（2014年度）の一般社団法人国立大学協会名簿に掲載されている86大学。基礎資料はウェブページに記載されている規程類，組織図等。平成27年（2015年）２月時点の情報[3]。平成25年（2013年）時点で国立大学アドミッションセンター連絡会議（以後，「連絡会議」と略記）に加盟の大学は10周年記念誌（国立大学アドミッションセンター連絡会議，2013）の記事

を補足的に用いた。さらに，ウェブページに掲載の活動内容から情報を補足した場合もある。

2．指標

2.1．アドミッションセンターの定義

　入試関連組織として「事務組織」のみが存在する場合は，アドミッションセンターとはみなさない。アドミッションセンターに相当する部署が複数存在する場合には，大学ごとに一つにまとめて分析を加えることとした。

2.2．大学組織分類指標

　アドミッションセンターに係る大学組織形態等について，以下の指標に基づいて分類した。

> 類型：国立大学法人評価委員会（2006）の財務指標による8分類。カテゴリー名は国立大学法人評価委員会国立大学法人分科会（2005）による。
> 地域：国立大学協会における八つの支部。
> AO入試：「大規模（募集人員100名以上）」「中規模（30名以上，かつ，全募集人員の3％超）」「小規模（それ未満）」「実施無」の4分類。2014年度（平成26年度）入試の実績に基づく。
> アドミッションセンター：「教育・研究組織」「運営組織」「事務組織（AC無）」の3分類。
> 設置時期：「法人化以前（〜H15）」「法人化直後（H16〜H19）」「H20以降」の3分類。
> 連絡会議：「加盟」「非加盟」の2分類。

2.3．アドミッションセンター組織類型

　以下，「教育・研究組織」ないしは「運営組織」としてアドミッションセンター組織が存在する場合，以下の指標に基づいて分類を行った。

> 組織形態：「単体」「単体＋下位セクション」「上位機関有」「上位機関＋下位セクション」の4分類。

専任教員[4]：「複数教員」「一人教員」「上位機関所属」「専任教員無」の4
　分類。
組織長[5]：「理事」「副学長」「専任教員」「兼任教員」「規程なし等」の4
　分類。
規程：「規程詳細」「規程概略」「規程不明」の3分類。

　なお，業務内容を類型化する際，「AO入試」「アドミッションセンター」
「設置時期」「国立大学アドミッションセンター連絡会議」「専任教員」の指
標を加えて同時に分析することとした。

2.4　アドミッションセンター業務内容

　業務内容については，まず，以下の個別の項目について，当該機能の有無，
ないしは，業務を含むか否か，2値で指標化した。

入試全般，AO入試（の企画・実施）：「入試全般企画」「入試全般調査・
　分析」「入試全般実施」「AO入試企画」「AO入試調査・分析」「AO入試
　実施」。
その他の入試業務：「入試課業務」「センター試験」「一般選抜」「特別選
　抜」「大学院入試」「調整連絡支援」「ミス防止・情報公開」。
入試広報：「入試広報全般」「入試広報企画」「訪問・学生募集」「相談・情
　報提供」「高大連携・オープンキャンパス」「入学前教育」。
（学術的）入試研究：「入試研究全般」「広報・募集等の研究」「選抜方法・
　改善等」「入試分析・追跡等」。

2.5.　総合分析指標

　個別の指標に対する分析結果に基づき，指標を整理，再コード化して総合
指標を作成した。

AO入試：「大規模」と「中規模」を合併して「大・中規模」とした。3
　分類。
連絡会議：変更なし。

専任教員：「一人教員」と「上位機関」を合併して「一人／上位機関所属」とした。3分類。

入試全般企画：入試全般企画重視順に「①　入試全般企画有」「②　入試全般調査・分析有」「③　入試全般企画調査無」の3分類。

AO入試企画・実施：AO入試企画・実施重視順に「1）AO入試企画調査有」「2）AO入試実施有」「3）AO入試無」の3分類。

入試実務：入試実務重視順に「ⅰ　入試事務有」「ⅱ　個別入試区分有」「ⅲ　入試連絡調整有」「ⅳ　入試実務無」の4分類。

入試広報：入試広報重視順に「Ⅰ　入試広報企画有」「Ⅱ　入試広報実施有」「Ⅲ　入試広報無」の3分類。

入試研究：入試研究重視順に「1.　入試研究重視（3項目以上含）」「2.　入試研究注目（2項目以上，ないしは，入試研究全般を含）」「3.　入試研究含（1項目）」「4.　入試研究無」の4分類。

3．分析方法

　度数表，クロス集計表で各指標の分布状況を把握した。あるいは，多重対応分析[6]を用いて視覚的に各指標の関係を2次元平面上にマッピングした。多重対応分析においては最大3軸まで取り，最も布置が解釈しやすい2軸を選んだ。

第3節　結果

1．組織

　アドミッションセンターを有する大学は51大学で「教育・研究組織」が38大学（75%），「運営組織」が13大学（25%）であった。設置時期は「法人化以前」が12大学（24%），「法人化直後」が23大学（45%），「H20以降」が16大学（31%）であった。連絡会議に「加盟」は24大学（47%）。アドミッションセンターを持たない35大学中4大学は学士課程自体を持たない大学院大学であり，以後の分析から除く。

　類型別では「A.　大規模大学」「B.　理工系大学」「G.　中規模病院有大

学」「H．中規模病院無大学」の67〜77%がアドミッションセンターを持つのに対し，「D．医科大学」は2大学（50%），「C．文科系中心大学」「E．教育大学」では15%，28%と特徴が分かれた。地域別では「中国・四国」が100%，「九州」82%と高く，「近畿」が33%と低かった。AO入試との関係では，「大規模」が100%であったが，「中規模」で73%，「小規模」で71%であった。さらに「実施無」でも43%で設置されており，必ずしもAO入試と一体の組織ではないことが示唆された。

図5-1は「類型」「地域」「AO入試」と「アドミッションセンター」を用いて多重対応分析を行った結果である。第1軸を横軸（イナーシャ＝.340，寄与率24.2%），第3軸を縦軸（イナーシャ＝.144，寄与率10.2%）に取った。おおむね「教育・研究組織」の周囲に布置しているが，「C．文科系中心大学」「D．医科大学」「E．教育大学」「AO実施せず」「近畿」が「無（事務組織）」，「B．理工系中心大学」「東京」が「運営組織」という特徴が見られた。以上は，クロス集計の結果と整合している。

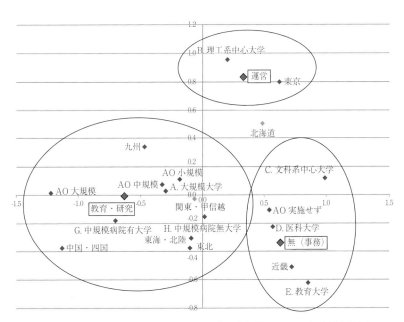

図5-1．アドミッションセンター組織の有無等に関する多重対応分析

図5-2はアドミッションセンターを有する51大学の組織形態について，より詳細な分析を行った結果である。第1軸を横軸（イナーシャ＝.153，寄与率28.5%），第2軸を縦軸（イナーシャ＝.080，寄与率14.9%）に取った。なお，図5-1の分析結果に基づき，大学類型の一部カテゴリーを合併して「P.　文科系中心・教育大学」「Q.　大規模／医科大学」とした。

　「法人化以前」に設置された組織は「AO 大規模」で「複数」の専任教員を持つ傾向があり，連絡会議に［加盟］している傾向が見られた。この時期に設置された組織が AO 入試の実施機関というイメージに最も符合すると言える。

　「法人化直後」に設置された組織は，専任教員が「一人」ないしは「上位機関所属」となっており，AO 入試は「小規模」である。条件が十分に整わない中で創設された印象を受ける。地域的には「関東・甲信越」「東海・北陸」「中国・四国」にその傾向が強い。

　「平成20年度以降」に設置された組織は「運営組織」で「専任教員無」「AO 入試実施せず」で連絡会議には「非加盟」。センター長は「理事」と高い役職で規定も「概略」的であり，どちらかと言えば，バーチャルな組織という印象を受ける。地域的には「東京」にその傾向が強い。

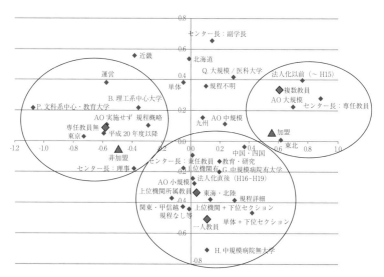

図5-2．アドミッションセンター組織の詳細な特徴に関する多重対応分析

2．業務内容

2.1. 入試全般・AO入試

　アドミッションセンターを持つ51大学のうち「入試全般企画有」が24大学（47％），以下，「調査・分析有」は35大学（69％），「実施有」は17大学（33％）であった。「AO入試企画有」が14大学（27％），「調査・分析有」は6大学（12％），「実施有」は14大学（27％）であった。

　AO入試とアドミッションセンターの業務内容の関係は表5-1に示すとおりである。なお，AO入試を実施している36大学，実施していない13大学の中でアドミッションセンターが当該機能を有すると規定されている大学の比率を（　）内に示した。

　「入試全般」はAO入試の導入の有無とは関係がない。むしろ，AO入試を導入している大学においても，AO入試実施組織というよりも「入試全般に関する調査・分析の組織」というイメージが強い。逆に，現在はまだAO入試が実施されていない大学で，導入を見据えてアドミッションセンターが設置されているケースが見られた。

表5-1．入試全般・AO入試業務機能が有る大学

業務内容		AO 大〜小規模	AO 無
入試全般	企画	17（47％）	7（47％）
	調査・分析	28（78％）	7（47％）
	実施	12（33％）	5（33％）
AO入試	企画	12（33％）	2（4％）
	調査・分析	5（14％）	1（7％）
	実施	12（33％）	2（13％）
	合計	36	15

2.2. その他の入試業務

　図5-3は規定類に見られる入試業務内容を「その他の入試業務」として分類した指標に多重対応分析を行った結果である。第1軸を横軸（イナーシャ＝.103，寄与率43.2％），第2軸を縦軸（イナーシャ＝.061，寄与率25.3％）に取った。

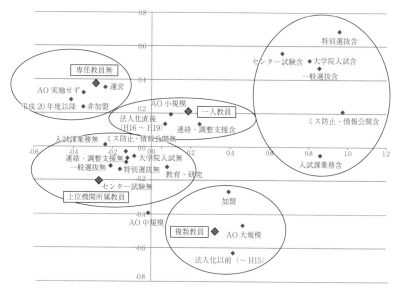

図5-3．アドミッションセンター組織の入試業務に関する多重対応分析

個別の業務はほとんど右上に固まっており，業務内容と組織形態との関係は見出せなかった。

「専任教員無」と「複数教員」も組織の分析を超えた結果は得られなかった。しかし，専任教員が「一人」と「上位機関所属」には大きな特徴が得られた。「一人」のアドミッションセンターの業務は「連絡・調整支援」に止まっている。さらに，「上位機関所属」に至っては，個別の入試業務はことごとく「無」となっている。

2.3. 入試広報

業務内容に「入試広報全般有」が23大学（45%），「入試広報企画有」が17大学（33%），「訪問・学生募集有」が19大学（37%），「相談・情報提供有」が20大学（39%），「高大連携・オープンキャンパス」が15大学（29%），「入学前教育」が4大学（8%）であった。入試広報に関する記述がないのは8大学（16%）であった。

組織形態との関連性で言えば，「H20以降」，「運営組織」のアドミッショ

ンセンターに「高大連携・オープンキャンパス」の業務が見られない傾向があった程度であり，顕著な特徴は見られなかった。

2.4.　入試研究

　業務に「入試研究全般有」が15大学（29%），「広報・募集等の研究有」が16大学（31%），「選抜方法・改善等有」が26大学（51%），「入試分析・追跡等有」が20大学（39%）であった。入試研究に関する記述がないのは11大学（22%）であった。

　図5-4は入試研究の諸指標に関する多重対応分析結果を示す。第1軸を横軸（イナーシャ=.141，寄与率48.2%），第2軸を縦軸（イナーシャ=.049，寄与率16.7%）に取った。

　専任教員が「複数」のアドミッションセンターには「入試研究全般有」の傾向が見られた。

2.5.　総合分析

　前節までの分析結果を基に，分類指標を整理し，再コード化して総合分析

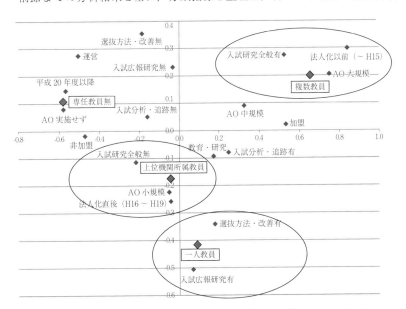

図5-4．アドミッションセンターにおける入試研究に関する多重対応分析

を行った。その結果を図5-5に示す。第1軸を横軸（イナーシャ＝.164，寄与率38.9%），第2軸を縦軸（イナーシャ＝.054，寄与率12.9%）に取った。

　右下に布置された「複数教員」を持つアドミッションセンターは，中規模以上のAO入試を行っている大学であり，AO入試の企画・実施と同時に入試実務を重視している組織となっている。入試研究も重視し，国立大学アドミッションセンター連絡会議に加盟している。

　中央右上に布置された「一人」ないしは「上位機関所属」のアドミッションセンターは，入試広報を重視しているという特徴がある。ただし，AO入試は小規模で，関わり方も企画というより実施組織のイメージである。入試全般の調査・分析は手掛けるが，入試の実務や研究にまではなかなか手が回らない様相が見て取れる。

　左下の「専任教員無」のアドミッションセンターには，実質的な機能がほとんど見られない。入試全般に関する企画の権限を有する場合もあるようだが，それを支える実質的な活動は行われていないのではないかという印象を受ける。

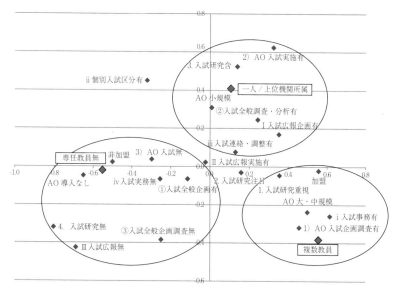

図5-5．アドミッションセンターの組織・機能の総合分析指標に対する多重対応分析

◆◇◆
第4節　考察

　本研究の分析から，国立大学のアドミッションセンターはAO入試との関連はあっても「AO入試の実施部署」というイメージからかけ離れた組織であることが改めて確認された。

　黎明期に設置されたアドミッションセンターはAO入試への関与が強いが，同時にその他の入学者選抜に関連する役割も備えられている。法人化後には，以前ほど充実した組織を構築することが難しくなり，組織の性格もぼやけて行った様子が見られる。アドミッションセンターが上位機関に吸収されて専任教員に多種多様な役割が課せられると，入試に係るミッションをどの程度こなせるのか疑問が残る。近年，専任教員を配属しない組織も見られるが，何を目的とした組織なのか判然としない。入学者選抜の実施責任を担う役職者を組織長として担ぎ，従来から実務を担ってきた事務組織をアドミッションセンターと読み替えただけにも見える。

　答申（中央教育審議会，2014）がどのようなプロセスで現実に移されていくのかは未だ判然としない状況ではあるが，「各大学が取り組むことが求められる事項」として同時に掲げられている他の項目を見ると，改革に即応して入学者選抜を企画，研究，開発する司令塔機能，それを担う人材を育成する教育機能，選抜の実務を担う実施機能といった，入学者選抜に関する専門的総合的役割が同時に求められている。来たるべき大改革に備え，現在の組織，機能をどの程度，どのような方向で拡充していくのか，大きな課題が個別大学に突き付けられている。

　なお，本研究では主として規程・規則を資料として分析を行ったが，それらがどの程度実際の活動を反映しているのかは保証の限りではない。さらに，公立大学，私立大学におけるアドミッション・オフィスの実態に関する分析は手つかずとなっている。本研究の成果を今後の組織作りに役立つエビデンスへと発展させるには，実像に迫る更なる調査研究が必要である。

文　献
中央教育審議会（1997）．21世紀を展望した我が国の教育の在り方について（第2次

答申）

中央教育審議会（2014）．新しい時代にふさわしい高大接続の実現に向けた高等学校教育，大学教育，大学入学者選抜の一体的改革について――すべての若者が夢や目標を芽吹かせ，未来に花開かせるために――

大学審議会（2000）．大学入試の改善について（答申）

木村 拓也（2008）．アドミッションセンターの系譜学――何故，そして，どのような入試研究が求められてきたのか？――　日本テスト学会第6回大会発表論文集，88-91.

国立大学アドミッションセンター連絡会議（2013）．国立大学アドミッションセンター連絡会議10周年記念誌

国立大学法人評価委員会（2006）．国立大学法人及び大学共同利用機関法人の各年度終了時の評価における財務情報の活用について　Retrieved from http://www.mext.go.jp/b_menu/shingi/kokuritu/sonota/06030714.htm.（2015年3月20日）

国立大学法人評価委員会国立大学法人分科会（2005）．国立大学の類型化について（案）業務及び財務等審議専門部会（第4回）資料3-2　文部科学省　Retrieved from http://www.mext.go.jp/b_menu/shingi/kokuritu/sonota/06030714.htm（2015年3月21日）

倉元 直樹（2009）．AO入試のどこが問題か――大学入試の多様化を問い直す――　日本の論点2009（pp.596-599）　文藝春秋

倉元 直樹（2014）．アドミッションセンターの役割――大学入試に関する研究機能を中心に――　繁桝 算男（編）新しい時代の大学入試（pp.130-152）　金子書房

倉元 直樹・泉 毅（2014）．東北大学工学部AO入試受験者にみる大学入試広報の効果――その意義と発信型，対面型広報の効果――　日本テスト学会誌，**10**，125-146.

孫福 弘・小島 朋之・熊坂 賢次（2004）．未来を創る大学――慶應義塾大学湘南藤沢キャンパス（SFC）挑戦の軌跡――　慶応義塾大学出版会

大隅 昇・L. ルバール・A. モリノウ・K. M. ワーウィック・馬場 康雄（1994）．記述的多変量解析法　日科技連

鴫野 英彦（2005）．国立大学におけるアドミッション・オフィスの系譜　夏目 達也（編）高校と大学のアーティキュレーションに寄与する新しい大学入試についての実践的研究　研究成果報告書，301-313（本書第1部第2章）.

注

1）本稿で分析の対象とする入試担当部署には様々な名称が付けられている。本稿では総称して「アドミッションセンター」と呼ぶ。

2）現在の全国大学入学者選抜研究連絡協議会（入研協）の前身。昭和55年（1980年）～平成17年（2005年）計26回に渡って国立大学の組織として大会を開催。

3）なお，平成26年（2014年）4月1日に改組を行っているが，新組織の規定や活動内容の情報が不明な大学が1大学存在した。当該大学については改組前の旧組織の情報を用いた。

4）上位機関や別の組織に所属して兼任の形を取っていても，東北大学や筑波大学の

　　ように教員が実質的にアドミッションセンター専任として勤務している場合には所属の専任教員とみなして分類を行った。専門職員の配置があっても，教員ではない場合には「専任教員無」とみなした。

5）複数ポジションが挙がっている場合には，上位の職階に分類した。また，専任と兼任は専任を優先した。

6）多重対応分析は，複数の質的変数を対象に，各変数のカテゴリー間の関係やケース間の関係を主として二次元空間上で表す多変量解析法である。詳細は大隅・ルパール・モリノウ・ワーウィック・馬場（1994）等を参照のこと。

付　記

　　本稿における計算には京都大学学術情報メディアセンターが提供する計算ソフトウェア SAS を利用した。

第 2 部

大学入試研究の実情と課題

「大学入試学」の成立条件

　「大学入試学」という「ことば」の適否については，ひとまず置いておくとして，その内実はいったいどのようなものになるのか。そのヒントになるのが第 6 章の調査である。

　大学入試研究が一つの学問分野として成立するためには，その前提条件として，学術交流の場である学会の存在が不可欠である。第 2 章で鴫野が大学入試研究組織の整備として，各国立大学における入選研の設置とその研究及び交流の場としての入研協の設立に触れていた。現在，入研協は国立大学の組織からセンター試験利用大学の組織へと変貌を遂げているが，大筋で期待される役割は，本来，変わっていないと思われる。すなわち，入研協における各大学の活動は，疑似的に大学研究にとっての学会活動の役割を果たしてきたと言える。したがって，そこで何が行われてきたかという実態が，実質的な大学入試研究の内実を形作ることになる。林・伊藤・田栗（2008）は，その実態を定量的に明らかにしたという意味で興味深い。

　第 6 章表 6-5，表 6-6 を見ると，国立大学ではアドミッションセンターが入試研究をつかさどる組織と認識されていたが，私立大学のアドミッションセンターは必ずしも大学入試研究がその職掌にあるとは位置づけられていなかった。その事実は，第 2 章で鴫野が述べていた通り，入試研究を担う部署として国立大学のアドミッションセンターが構想されたが，実際には AO 入試担当部署として恒常的組織が設けられたという歴史的経緯と符合する。

　詳細な分類指標とともに明らかにされた「実際に」行われてきた入試研究のテーマは第 6 章表 6-7 のとおりである。もともと大学入試研究と考えられていた追跡調査が最も多いが，その他にも多様な広がりを見せていることが分かる。

　第 7 章は，その当時から見た過去の追跡調査についてまとめたものである。一言で追跡調査とは言っても，実際には標準的な方法を見出すことができず，個別大学の実情に応じて指標そのものが多様にならざるを得ないという事実が，追跡調査研究の方法論的な難しさを物語っている。さらに，選抜効果と

いう基本的で単純ではあるが，追跡調査につきものの厄介なデータ構造について，意識が及ばない研究が半数近くに上っていたという。

　第7章でも引用されていたが，編者は追跡調査研究のコメントにことよせて，以下のようなことを述べたことがある。

　　……入研協[1]こそが，大学入試学のための学会の第一候補であり，「大学入試研究ジャーナル」が学会誌の役割を果たすべきものと考えられる。ところが，入研協は短いサイクルでほとんどの構成員が入れ替わってきた。誰を構成員と定義すべきなのかという問題は残るが，多くの人は外部には閉じられた年次大会に何度か顔を出し，そして去って行く。学術的活動の基盤を長期間置く者が少ないということは，年次大会がどれほど盛大でも，学問的共同体として成長しづらいことを意味する。入研協の組織が持つこの特徴は，通常の学会とは異なる特殊な環境であり，安定的な専門知の継承を難しくしてきたと思われる（倉元，2008）。

追跡調査における選抜効果の存在は古くから認識されており，初期の入研協[2]を舞台にレクチャーがなされていたことも知られている。しかし，いまだにそれが共通認識とならないのは，第6章で明らかになったように大学入試研究の担い手が誰なのかということが定まっていないことによる。一般的な学術研究分野とは異なり，入研協に関わって研究報告を行ってきた者の大半は，その分野の専門的な研究者ではないからだ。さらに，入研協という組織も当該分野の研究者の主体的な意思によって構成される通常の学会組織とは異なり，その構成員が研究者個人ではない。かつては国立大学の入選研[3]と大学入試センターがメンバーとなった組織であった。現在は独立行政法人大学センターが実施する会合という位置づけとなっており，実質的に参加するメンバーは主に大学入試センター試験利用大学の入試担当教職員となっている。すなわち，大学という機関が自動的に構成員や参加資格を持つ組織という性格付けである。その意味では，第2章で鴫野が述べていた構想が忠実

1　全国大学入学者選抜研究連絡協議会。その前身が国立大学入学者選抜研究連絡協議会（本書第1部第2章参照）。
2　国立大学入学者選抜研究連絡協議会（本書第1部第2章参照）。
3　入学者選抜方法研究委員会（本書第1部第2章参照）。

に継承されている。ただし，年次大会への参加者の入れ替わり激しい。そのような組織形態である限り，専門的な知識の積み上げとディシプリンの構築を行っていくことは不可能に近いだろう。

　恒常的なポストの確保，学術交流の場としての学会の必要性は長年の間構想されていたことである。しかし，それを担う専門的人材の育成は，これまで視野に入ってこなかった。第8章はその側面の問題点を指摘した論考である。例えば，追跡調査のような大学入試研究の王道とされるテーマでは受験生や学生の個人情報を扱うことが必須となる。それを扱う責任と権限を持つ立場の者以外，触れることができないデータである。さらに，個人情報の取扱いについては，現在，第8章が執筆された頃と比べても格段に厳しくなっている。大学入試学の成立を目指すためには，担い手となる研究者の育成を考えていかなければならないが，学生という身分で着手できる研究テーマは残念ながら限定されていると言わざるを得ない。それでも，何とか手掛けられる研究はないかと追求したところ，大学の機関研究として行われるテーマとはかなり違ったものが出てきた。それが第8章の主旨である。

　入研協における発表件数は，現在，格段に増えている。それに応じて，主として入研協の研究発表を基に大学入試研究ジャーナルに掲載される論文の本数も増えている。しかしながら，それらが過去の研究を踏まえつつ新しい知見を積み上げていく学術研究として求められる水準に達しているかどうかは，別の問題として考えられるべきである。

　高大接続答申の中で，「各大学が取り組むことが求められる事項」として「入学者の追跡調査等による，選抜方法の妥当性・信頼性の検証」「評価方法の工夫改善，評価に関する専門的人材の育成・活用」「アドミッション・オフィスの強化をはじめとする入学者選抜実施体制の整備」が挙げられていた（中央教育審議会，2014：23）。人材育成のところまで踏み込んで政策的な後押しがされたと考えるならば，大学入試研究を学術研究として発展継承させていく基盤が用意されたと言える。「大学入試学」の成立に向けての好機が到来したと言えるかもしれない。

引用参考文献

中央教育審議会（2014）．新しい時代にふさわしい高大接続の実現に向けた高等学校

教育，大学教育，大学入学者選抜の一体的改革について——すべての若者が夢や目標を芽吹かせ，未来に花開かせるために——　Retrieved from http://www.mext.go.jp/b_menu/shingi/chukyo/chukyo0/toushin/__icsFiles/afieldfile/2015/01/14/1354191.pdf（2019年8月17日）

林　篤裕・伊藤　圭・田栗　正章（2008）．大学で実施されている入試研究の実態調査　大学入試研究ジャーナル，**18**，147-153．（第6章原典）

倉元　直樹（2008）．追跡調査のスタンダード——柳井・及川・伊藤・萱間・菱沼・井部論文へのコメント——　大学入試研究ジャーナル，**18**，177-178．

倉元　直樹・西郡　大（2009）．大学入試研究者の育成——「学生による入試研究」というチャレンジ——　大学入試研究ジャーナル，**19**，53-59（第8章原典）．

西郡　大（2011）．個別大学の追跡調査に関するレビュー研究　大学入試研究ジャーナル，**21**，31-38（第7章原典）．

第 6 章

大学で実施されている入試研究の実態調査[1]

名古屋工業大学大学院工学研究科　教授　林　篤裕

大学入試センター研究開発部　准教授　伊藤　圭

大学入試センター　名誉教授　田栗　正章

◆◇◆

第 1 節　はじめに

　国公立大学の志願者を対象とした共通試験として昭和54年（1979年）にスタートした「共通第 1 次学力試験」は，平成 2 年（1990年）にはいわゆる「アラカルト方式」への変更が加えられ，私立大学も利用可能となった[1)]「大学入試センター試験」として衣替えし，現在までに延べで29回実施されてきた。

　この間，入学者選抜方法に関連する研究（入試研究）を行う組織として，昭和55年（1980年）に「国立大学入学者選抜研究連絡協議会（旧入研協）」が結成され，追跡調査や受験者・合格者の特性分析，AO 入試の事例紹介等の情報交換を行なう場として活用されてきた。その後，国立大学の法人化等の変化を受けて，平成18年（2006年）からは「全国大学入学者選抜研究連絡協議会（新入研協）」と名称を変更し，センター試験利用大学に限定せずに）広く全国の国公私立大学や短期大学も参加する組織として，再編成された。

　近年では多様な入試の一つとして AO 入試が導入されると共に，その統括部局としてアドミッションセンターが開設され，専任の教員を配置している大学も少なくない。「大学全入時代」を迎え，大学の業務の中でも入試は今後益々その重要性を増していくと考えられる。しかし，入試研究という秘匿性が嵩く，業務にも直結した活動や研究はなかなか公表がためらわれ，実態が判りにくいと言う特殊な面を有しているのも事実である。このため，これらを組織的・体系的に実施している機関・部局もあまり知られていない。

1　本章は「大学入試研究ジャーナル」第18巻に同一のタイトルで執筆された論文を再録したものである（林・伊藤・田栗，2008，文献リストは第 2 部・Introduction「『大学入試学』の成立条件」末尾に記載）。原文には和文要旨が掲載されていたが，本章では省略した。著者の執筆当時の所属・肩書は「大学入試センター研究開発部・教授（林，田栗）および准教授（伊藤）」。

　このような状況に鑑み，新入研協の企画委員会と大学入試センター研究開発部では共同して［各大学で行われている入試研究の実態調査」を実施し，大学における入試研究活動の現状を把握することにした。本調査を通して，今後の大学入試改善に少しでも貢献できる資料が作成できればと考えている。

第2節　調査の概要と調査方法，回収率

　各大学で実施されている入試研究を把握するために，表6‐1に示すような4つのパートからなる調査票を設計した。Part A は，この調査の一番のメインとなる部分で，学内で実施している入試研究について聞いている。その際に実施時期による変遷を見られるように，現在実施している研究（A1）以外に，過去に実施された研究（A2），もしくは将来に予定している研究（A3）についても，実施時期を分けて回答してもらった。これらは自由記述形式で記入してもらうものの，回答者の便宜を図るために表6‐7のようなキーワードリストを付録として添付し，リストに掲載された研究を記入する場合は，その番号を書いてもらうだけで良いようにした。Part B では学内に入試研究を担当する組織があるかどうかを聞いており，組織がある場合はその名称や構成員，選任方法についても回答してもらった。Part C ではアドミッションセンターに類する部局を設置しているかどうかを聞いており，部局がある場合はその名称や構成員についても回答してもらった。Part Z はフェースシートに相当する部分で，大学名や連絡先と言った大学の属性を記入してもらった。

　調査対象は全ての国公私立大学712校（2006年9月時点。大学院のみの大学は除く。）とし，各大学の入試担当部署を通じての郵送調査方式で実施した。平成18年（2006年）9月中旬～11月中旬の2ヶ月間の回収期間に，352大学から回答を得た（回収率約5割）。大学設置者別の回収率は表6‐2の通りである。回収された調査票は電子化とスクリーニングを行い，そのデータを用いて分析を行った。

表6-1. 調査票の構成

```
Part A：学内で実施されている入試研究について
    A1.  現在，実施している入試研究
    A2.  過去に，実施していた入試研究
    A3.  今後，実施計画のある研究
Part B：入試研究を担当する組織
    B1.  入試研究を統括する学内組織や委員会の有無
    B2.  学内組織の名称
    B3.  学内組織の構成人数や構成員
    B4.  学内組織の構成員の選任方法や任期
Part C：アドミッションセンター
    C1.  アドミッションセンターに類する部局の有無
    C2.  部局の名称
    C3.  部局の構成人数や構成員
Part Z：大学名，連絡先等（フェースシート）
```

表6-2. 回収数と回収率

設置者	回収数	設置数	回収率
国立大学	68	83	82%
公立大学	50	74	68%
私立大学	234	555	42%
計	352	712	49%

◆◇◆

第3節　分析結果

1．入試研究

　まず，Part A の過去（A2），現在（A1），未来（A3）の3つの項目のそれ
ぞれの欄に，入試研究の記入が有るか無いかを調べ，その頻度と割合，およ
び設置者別の頻度を集計した（表6-3）。また，3つの項目への記入有無で
生成される8通りのパターンの頻度と割合，および設置者別の頻度を集計し
た（表6-4）。これらを見ると，過去，現在，未来の3時点のそれぞれで入
試研究を行なっている大学は4割未満であり，また，3時点の何れでも入試
研究を行なっていない大学が約半数存在することも判る。旧入研協当初から
の構成メンバーである公立大学でも全く行なっていない大学が少なくない。

　次に Part A に記入された入試研究の全てについて，それらの研究内容を吟

味した。大学の規模や過去の研究経験年数の違いにより，記載されている研究の数はまちまちであった。各大学で実施している入試研究は独自的なものも多く，その分類には困難な部分も少なくなかったが，研究の一つひとつについて，表6-7に示したキーワードリストのいずれに該当するかを丹念に調べた。リストに記載のない新しい入試研究と判断した場合は，新たに項目を増設し，そのことが判るように90番台の枝番号を付与した。表6-7の左側に示した数字は，左から順に過去（A2），現在（A1），未来（A3）における入試研究の頻度である。なお，同じテーマを取り扱った研究を複数の学

表6-3．入試研究の有無と頻度

		頻度（割合）	国立	公立	私立
A2 （過去）	有	126（36%）	49	7	70
	無	226（64%）	19	43	164
A1 （現在）	有	138（39%）	46	12	80
	無	214（61%）	22	38	154
A3 （未来）	有	88（25%）	28	8	52
	無	264（75%）	40	42	182
計		352（100%）	68	50	234

表6-4．入試研究の有無パターンと頻度

A2 （過去）	A1 （現在）	A3 （未来）	頻度（割合）	国立	公立	私立
有	有	有	57（16%）	22	1	34
有	有	無	41（12%）	16	4	21
有	無	有	6（2%）	2	1	3
有	無	無	22（6%）	9	1	12
無	有	有	12（3%）	2	2	8
無	有	無	28（8%）	6	5	17
無	無	有	13（4%）	2	4	7
無	無	無	173（49%）	9	32	132
計			352（100%）	68	50	234

部・学科で実施している大学もあったが，ここではそれらを一つとして数えた。つまり，頻度は当該の研究を実施している大学数を示していることになる。

2．入試研究を担当する学内組織やアドミッションセンター

Part B で聴取した入試研究を担当する組織や，Part C で聴取したアドミッションセンターについて，設置者別の集計結果を表6-5に，また，両者のクロス集計を表6-6に示す。表6-5から，学内組織は国立大学の方が設置率が高いが，アドミッションセンターは私立大学の方が設置率が高いことが判る。また表6-6から，アドミッションセンターの設置有無と入試研究の学内組織の有無は一概に関係があるわけではないことも判る。つまり，アドミッションセンターが入試研究を行なう組織になっているとは限らないようである。

表6-5．設置者別の学内組織／アドミッションセンターの設置有無

		国立	公立	私立	計
学内組織	有	63（93%）	18（36%）	83（35%）	164（47%）
	無	5（7%）	32（64%）	151（65%）	188（53%）
アドミッションセンター	有	20（29%）	3（6%）	101（43%）	124（35%）
	無	48（71%）	47（94%）	133（57%）	228（65%）
計		68（100%）	50（100%）	234（100%）	352（100%）

表6-6．学内組織とアドミッションセンターのクロス集計

		アドミッションセンター		計
		有	無	
学内組織	有	62（18%） [20, 0, 42]	102（29%） [43, 18, 41]	164（47%） [63, 18, 83]
	無	62（18%） [20, 0, 42]	126（36%） [20, 0, 42]	188（53%） [20, 0, 42]
計		124（35%） [20, 3, 101]	228（65%） [48, 47, 133]	352（100%） [68, 50, 234]

※下段カギ括弧内は設置者別数（国公私立の順）

第4節　考察

　ここでは入試研究（Part A）についての考察を中心に行う。大学の学部数や，研究組織の有無，研究経験年数等の違いから，大学入試研究ジャーナル第18号表7に示した研究テーマの頻度の高低は単純には比較できないことに注意する必要がある。以下では，相対的に頻度の高いいくつかのテーマの中から特徴的な研究テーマについてまとめておく。

1）追跡調査，時系列的な成績間の関連：5-(2), 5-(91), 5-(92), 5-(1)
　入試研究の代表的なテーマは追跡調査であると言える。当初，追跡調査をひと括りにしていたのだが，その中でも取り扱うテーマが細分化されていることに気付き，それらを3つに分類した。選抜単位ごとの追跡調査の中でも，特に推薦入試やAO入試に対象者を絞った追跡調査が行われているのは，一般選抜とは異なった入試に対して注目度が高いためではないかと想像される。
　また，追跡調査と言えるほど時点間を緻密に追わないまでも，入試成績と学内成績と言ったような，成績間の関連を分析するテーマの頻度も高い。

2）属性分析：4-(1), 4-(91), 4-(2), 4-(3)
　追跡調査以外のもう一つの大きなテーマとして，受験者と入学者や，選抜形態別の比較等，各種の属性に習目して，それらの違いを明らかにする属性分析が挙げられる。合格者数の決定等に影響するためか，入学辞退者に注目しての分析も目立った。

3）入試の広報：7-(2)
　「大学全入時代」を迎えるにあたって，どのようにして受験者／入学者を確保するかは大学にとって死活問題とも言える。その意味で，高校生に大学を知ってもらう活動が注目を浴び，近年はこのテーマを取り扱った研究が注目され，今後も増加していくのではないかと想像される。

４）高校調査書の評価方法：2-(8)

　出願時の必須の提出資料であり，近年拡大している推薦入試やAO入試を行う際には特に重要な選抜資料となることから，古くて新しいテーマとも言える。加えて，昨年秋にはいわゆる「未履修問題」も発覚したことから，高校調査書の取り扱い方については今後とも注目されるテーマと考えられる。

５）推薦入試，AO入試，AC入試，自己推薦入試：3-(1)，3-(2)

　大学入学者の内，半分を超える人数が一般入試以外の選抜方法で入学してきている現在，一般入試を対象とした研究だけでは完全には入学者の特性を把握することができなくなっている。これらの入学者数が増加している選抜単位に注目した入試研究が盛んになってきているのではないかと想像される。

６）入学前教育：5-(8)

　入学予定者に勉強の習慣を持続させたり，基礎学力を確認する目的で入学前教育を導入している大学が増加している。これは，一般選抜よりも早い時期に合格が決定する前項の選抜単位の入学者の増加と関係があると考えられるので，今後も，入学前教育を取り扱った研究が増えていくのではないかと想像される。

７）その他：5-(5)，5-(13)，7-(1)，5-(7)，6-(3)

　上記以外にも，大学を取り巻く種々の状況から判断して，学生の入学前後の意識に関するもの（5-(5)，5-(13)）や，高大連携（7-(1)），出願動向（5-(7)），入試制度の改革（6-(3)）等，いくつかのテーマが今後も注目されるのではないかと思われる。

◆◇◆
第5節　おわりに

　今回の調査で，入試研究とひと口に言っても種々のテーマがあることや，一部集中しているテーマがあるものの，広範な研究が実施されていること，また，大学が抱えている問題に処するために，時代と共に変遷することも

判った。調査方法の限界とも関係するが，いろいろな部署で入試研究が行われていることが想像されるため，本調査が入試研究を完全に網羅しているわけではないことにも注意を払う必要がある。今後は，設置者ごとの入試研究の違いを明確にし，また，構成員の特性に注目して学内組織やアドミッションセンターの特徴付けを行ない，より深い分析を行う予定である。

　試験に関する諸問題を議論できる場として入研協があり，また，平成15年（2003年）には日本テスト学会も設立され活発な研究活動が行われている。今までは比較的非公開で活動が行われてきた入試研究であったが，今後は大学関係者に入試にまつわる種々の話題に広く関心を持ってもらい，加えて，大学人に限らず多くの人たちにも参加してもらって，大学の抱える問題を広く共有し解決していければと考えている。本研究がその端緒になれば幸いである。

表6-7．入試研究で取り扱われる事項のキーワードリストと頻度 <small>（調査項目 Part A)</small>

頻度

A2 (過去)	A1 (現在)	A3 (未来)	
			1．大学入試センター試験・個別学力検査
10	7	5	(1)設問の難易度・識別力等の分析や評価（設問回答率分析図，誤答分析，GP 分析等を含む）
3		3	(2)教科・科目間の得点の関連性や相関
7	3	1	(3)合否入替り率，共分散比
2			(4)得点の変換（順位点，偏差値化，標準得点化等）
4		3	(5)選択科目における得点調整
6	8	2	(91)大学入試センター試験成績と個別学力検査成績との比較
8	7	1	(99)その他
			2．選抜方法
		2	(1)学科目試験
2	3	5	(2)面接（個人面接，集団面接）
3	3	2	(3)小論文
		3	(4)実技試験
		1	(5)リスニングテスト
		1	(6)総合試験
		1	(7)適性検査
5	5	9	(8)高校調査書の評価方法（点数化，学校間格差等を含む）
1	1		(9)2段階選抜
			(10)一芸入試
			(11)客観式試験と記述式試験の比較，評価
3	3	4	(12)評価尺度の多元化，複数化
		1	(13)総合判定方式（最低必要得点，枠別判定等）
6	1	4	(14)試験科目（科目試験，面接，小論文，実技試験，高校調査書等）の配点比率
5	7	3	(91)募集方法の検討（入試日程・科目構成・定員等）

A2	A1	A3	
5	3	10	(92)入試に課す教科・科目，試験時間（元1-(6)）
3			(93)センター試験の導入
3			(94)試験実施(地方会場,マークシート方式への変更,受験資格の審査等)
9	5	9	(99)その他

3．特別な入試

A2	A1	A3	
7	6	5	(1)推薦入試
9	10	12	(2)AO入試，AC入試，自己推薦入試
			(3)受験機会の複数化
2			(4)第2部（夜間コース）の入学者選抜
2	1		(5)専門学科，総合学科卒業者のための入試
1		1	(6)圏内卒業者のための入試
			(7)帰国子女のための入試
	1		(8)身体障害者のための入試
1	3		(9)社会人特別選抜
4			(10)編入学のための入試
			(11)飛び入学者のための入試
3	2	1	(12)外国人留学生のための入試
		1	(13)追加合格，第2次募集
4	5	1	(91)指定校推薦入試
1		3	(99)その他

4．受験者，合格者等の属性

A2	A1	A3	
12	14	11	(1)受験者（志願者），合格者（入学者）の分析
5	7	2	(91)入学辞退者の分析（1から分離）
19	16	10	(2)選抜形態（前期，後期，推薦等）別の比較
9	13	3	(3)男女別，出身都道府県別，現役／浪人別による比較
3	2		(4)複数日程（前期／後期等）連続併願者の分析

表6-7．入試研究で取り扱われる事項のキーワードリストと頻度

（調査項目 Part A）（つづき）

A2	A1	A3	
			(5)複数年連続受験者の分析
1	2	2	(6)普通高校(普通科)／専門高校(専門科)／総合高校(総合学科)出身者の比較
3	4	2	(7)学部，学科，専攻，コース等類型別の比較
	3	1	(8)高校における教科・科目の履修，課外活動（ボランティア活動を含む）
			(9)家庭環境や社会環境の影響
3	3	5	(99)その他
			5．高校教育・大学教育・大学生活
21	25	11	(1)高校調査書，大学入試センター試験，個別学力検査，学内成績等の関連や分析
20	20	6	(2)選抜単位ごとの入学から卒業までの追跡調査
11	8	2	(91)推薦入学者・AO入試入学者を対象とした追跡調査
38	40	19	(92)追跡調査全般（2や91に含まれないもの）
3	2	2	(3)高校の履修教科・科目と入試の受験教科・科目，大学の科目選択の関連
7		2	(4)転学部・転学科，留年・休学・退学・中退
4	7	4	(5)大学進学時の進路意識(大学観，職業観等)，進路決定(高校の進路指導等)
			(6)大学進学時の大学・学部・学科等の志望順位
8	12	4	(7)出願動向，倍率（志願，受験倍率等を含む）
2	8	9	(8)入学前教育
2	3	4	(9)リメディアル教育（高校での既習・未習別クラス編成等を含む）
		2	(10)教養教育，教養課程，共通教育等
			(11)外国語教育
	1		(12)専門教育
9	6	9	(13)入学後の意識（学習意欲・満足度等）

A 2	A 1	A 3	
5	4	1	(14)専門分野への適性と適応
7	5	2	(15)卒業後の進路との関係(就職，大学院進学，各種国家試験，公務員試験等)
		2	(99)その他

6．入試制度

A 2	A 1	A 3	
1	2	6	(1)入試教科・科目，出題範囲や出題形式
1	1	2	(2)入学資格制度
3	6	9	(3)入試制度の改革
			(4)外国の大学入試
	2	1	(99)その他

7．その他

A 2	A 1	A 3	
6	4	8	(1)高大連携
9	12	9	(2)入試の広報，募集広報，学外説明会，高校側等との懇談
		1	(3)アドミッション・オフィス
1		1	(4)入試実施組織
2	2	4	(5)入試データの情報処理方法・システム
3	2	1	(91)アドミッション・ポリシー
5	8		(92)入試問題の適切さの分析
		2	(93)入学手続き
5	8	4	(99)その他

頻度合計

A 2	A 1	A 3
347	339	254

個別大学の追跡調査に関するレビュー研究[1]

佐賀大学アドミッションセンター　教授　西郡　大

第1節　はじめに

　平成3年（1991年）に，国立大学入学者選抜研究連絡協議会から『大学入試研究ジャーナル』の創刊号が発刊され，平成22年（2010年）3月で第20号という節目を迎えた[1)]。その間，390本の論文が掲載され，多くの知見が蓄積されてきた。特に，入試方法[2)]の妥当性や信頼性を検証するような調査および研究は，この20年間，継続的に報告されており，入試研究の中心的なテーマであるとみることができる。こうした入試研究の最も一般的な方法として，入学者の「追跡調査」が挙げられる。林ら（2008）の調査からも，各大学で実施されている入試研究の中心が追跡調査であることが看取され，各大学が実施している入試でアドミッションポリシーに則した学生を選抜できているかどうかという点に重きが置かれている実情がうかがえる。

　しかし，追跡調査に関する研究がこれまで数多く蓄積されてきたにもかかわらず，それらを整理した研究は管見の限り，多いとは言えない[3)]。特に，入研協の構成員が短いサイクルの間で入れ替わってきたという状況（倉元，2008）を踏まえれば，各大学で入試方法等を検討するような学内委員に任命された者にとって，入試研究の中心とも言える追跡調査のレビューが見当たらないのは心許ないことであろう。

　そこで本研究では，『大学入試研究ジャーナル』の創刊号から20号までに掲載された全論文の中から，追跡調査に関して報告されたものを抽出し，整

1　本章は「大学入試研究ジャーナル」第21巻に同一のタイトルで執筆された論文を再録したものである（西郡，2011，文献リストは第2部・Introduction「『大学入試学』の成立条件」末尾に記載）。原文には和文要旨が掲載されていたが，本章では省略した。著者の執筆当時の所属は現在と同じ。肩書は「准教授」。

理することにした。

第２節　方法

1．追跡調査研究の抽出条件

　各大学における追跡調査の形態は様々であるため，入学者における入学前の情報と入学後の情報の２つの指標を用いて検討された報告に限定した。したがって，対象者の入学前および入学後の情報のどちらか１つでも欠けているものは対象外である。

2．抽出論文のレビュー方針

　抽出論文は，以下の４つの視点から整理した。①「どのような分野（学部）で主に行われてきたか」，②「どのような入試方法が分析の対象になったか」，③「入学前および入学後の情報としてどのような指標が分析に用いられたのか」，④「代表的な分析結果」である。

第３節　結果

1．抽出論文の概要

　創刊号から20号までに掲載された全論文（コメント論文は除く）390本の内，31％に当たる121本の論文が抽出された（表7‐1）。各号において平均的に４，５本の論文が追跡調査に関するものとして掲載されている。なお，これらの数値は，のべ数であり，同じ著者が毎年，継続的に行っている追跡調査も含まれる。

表7-1. 発刊号別にみた抽出論文の内訳

No	抽出数	総数	No	抽出数	総数
1	5	10	11	5	17
2	3	13	12	7	17
3	9	13	13	4	17
4	6	14	14	5	24
5	7	18	15	5	23
6	10	17	16	7	27
7	8	14	17	6	33
8	6	15	18	7	28
9	6	13	19	6	30
10	5	13	20	4	34

2. 分野別（学部系統別）にみる特徴

　表7-2に示すように，学問分野別でみると医学系が最も多い。その理由として，医師国家試験という当該分野の共通目標や医師としての資質を評価する必要性といったことが，追跡調査の動機となっていることが考えられる。特に，医学系の単科大学において報告が多く見られた。その次に多いのが，

表7-2. 分野別に見た抽出論文の内訳

分野別	件数	分野別	件数
医学	38	体育	2
理・工学	26	工芸繊維	2
全学共通	19	教養	1
複数学部	16	経済	1
情報	6	歯学	1
教育	5	薬学	1
看護	2	その他	1
		合計	121

第2部　大学入試研究の実情と課題

理学および工学系の学部であり，専門教育を理解するためには，専門基礎分野における知識修得や基礎的な理解の積み上げが必要とされる学問分野とみることができる。

３．入試方法別にみる特徴

　図 7 - 1 で示すように，入試方法を限定した追跡調査もみられ，特に，推薦入試，AO 入試を対象にしたものが多い。推薦入試は，1990年代前半に，比較的多く見られ，2000年代でも多くはないものの散見される。一方，AO 入試は，AO 入試を導入する大学が急激に増加した「AO 入試元年」（鳴野，2003）とも呼ばれる2000年以降に多く見られる。「その他」には，連続方式，分離分割方式などの一般入試に加え，3 年次編入学や二次募集入学，大学独自で開発した入試方法などの特別入試が含まれる。

４．分析に用いられた指標

　入学者における入学前の情報と入学後の情報の 2 つの指標について，前者を「指標Ⅰ」，後者を「指標Ⅱ」として，その内容を整理した。具体的には，抽出された論文で用いられている分析指標を分類し，同じような性質を持つ項目についてカテゴリー化した。その内訳は表 7 - 3 に示すように，「指標

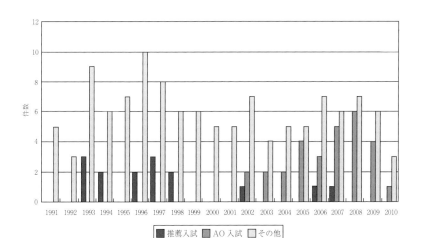

図 7 - 1 ．　入試方法別にみた抽出論文の内訳

表7-3．入学前教育の「指標Ⅰ」と入学後情報の「指標Ⅱ」の整理

	指標Ⅰ		指標Ⅱ
入試区分	前期日程，後期日程，推薦入試，AO入試など	入学後学業成績	教養教育，一般課程教育，専門教育等の修学状況（取得単位数やGPAの成績等），教育実習参加資格など
入試成績	個別試験（学力検査，小論文，面接試験，実技試験，総合問題，独自入試方法），共通試験（共通一次試験，大学入試センター試験），面接試験の評価，配点比率の影響，各種統計指標（科目間相関，評価方法間の相関，合否入れ替わり率等）など	（アンケートやヒアリング調査等による）学生の意識・活動等の調査結果（学生生活の意識調査）	大学生活や課外活動等の満足度および不満，入学後の活動履歴，学生自身の自己評価，授業の理解度，留学経験，教員との交流，入学前後のギャップ認識など
		医師国家試験の合否	合格率や不合格者など
高校成績	調査書，各科目の履修成績，推薦書など	卒業後進路	大学院進学率，就職先企業形態（民間，公務員など），教員採用試験の状況など
属性	性別，現浪（年齢），出身地域，高校種別（普通科，専門系）など	留年	進学率，卒業率など
高校での活動実績	出席日数，課外活動（部，クラブ活動），高大連携活動への参加有無など	教員による評価	指導教員による学生の評価
		卒業研究の評価	卒業論文および卒業研究の評価など
高校での履修状況	選択科目において何を選択していたか（特に，理科）	ドロップアウト	休学者，中途退学者，除籍者など
入学時認識	志望動機など	卒業後活動状況	卒業後所属機関の担当者による評価，卒業後の所属機関での活動など
入試状況	センター試験の全国平均点，受験競争倍率など	独自指標	大学独自開発の指標
入学前教育	入学前教育の有無	その他	履修パターンや入学後コース選択，大学院入試の成績，共用試験の成績，就職面接（学内模擬面接の評価），学生のピアレビューなど

Ⅰ」が9つ，「指標Ⅱ」が11つの指標からなる。各指標の右部分に記載されているものは，具体的にどのようなものが該当するのかを示している。

「指標Ⅰ」と「指標Ⅱ」に該当する項目の関係性を中心に分析している論文が，本研究における抽出条件である。そのため，どのような指標の組み合わせで分析が行われているのかをみるために，指標ⅠおよびⅡに含まれる各指標について，全体のクロス表と分野別のクロス表を作成した（表7-4）。同クロス表において数値が大きいものが，これまでに数多く行われてきた追跡調査であるとみなすことが出来る。なお，1つの論文で，指標Ⅰに「入試

表7-4.　全体および分野別にみた指標Iと指標IIの関係

分野	指標I	①	②	③	④	⑤	⑥	⑦	⑧	⑨	⑩	⑪	合計
【全体】	入試区分	63	16	4	9	6	6	2	3		2	4	115
	入試成績	57	5	8	3	6	3	3	3	2	2	4	96
	高校成績	25	1	4	5	2	2	2		2		1	44
	属性	10	1	3	3	3	1	1		1			23
	高校での活動実績	7	3	2	1	1	1	1	1			1	18
	高校での履修状況	4	1			1			1				7
	志望動機	1	2		1								5
	入試状況	1		2									3
	入学前教育	1											1
	合計	169	29	23	22	19	13	10	8	5	4	10	312
医学	入試成績	21		7		5			2	2	2	1	40
	入試区分	11		3		4	1		2		1		22
	高校成績	9		4	1	1				2			17
	属性	7		3	1	3				1			15
	高校での活動実績	4		2		1			1				8
	高校での履修状況	4	1			1			1				7
	入試状況	1		2									3
	小計	57	1	21	2	15	1		6	5	3	1	112
理・工	入試区分	21	6		3	2		1	1		1	1	36
	入試成績	6	3		1		1	1					12
	高校成績	4			2	1	1	1					9
	高校での活動実績	2	2										4
	入学前教育	1											1
	小計	34	11		6	3	2	3	1		1	1	62
全学共通	入試成績	13				1			1				15
	入試区分	1	1		1								3
	高校成績	3											3
	志望動機		1										1
	属性	1											1
	小計	18	2		1	1			1				23
複数学部	入試区分	7	6	1	1		4					1	20
	入試成績	4	1	1	1		2	1				2	12
	高校成績	3	1		1		2					1	8
	高校での活動実績	1	1		1		1	1				1	6
	属性	1			1			1					3
	小計	16	9	2	5		9	3				5	49

		①	②	③	④	⑤	⑥	⑦	⑧	⑨	⑩	⑪	合計
教育	入試成績	3	1		1			1					6
	志望動機	1	1		1			1					4
	属性	1	1		1			1					4
	高校成績	2											2
	入試区分	1				1							2
	小計	8	3		3	1		3					18
情報	入試区分	5	1		1								7
	入試成績	4										1	5
	小計	9	1		1							1	12
看護	入試成績	2											2
	入試区分	1											1
	小計	3											3
体育	高校成績	1											1
	入試区分	2	1		1							1	5
	入試成績	1											1
	小計	4	1		1							1	7
工芸繊維	入試区分	2											2
	小計	2											2
教養	高校成績	1											1
	入試成績	1											1
	小計	2											2
経済	入試区分	1											1
	入試成績	1											1
	小計	2											2
歯学	入試成績	1											1
	高校成績	1											1
	小計	2											2
薬学	入試区分	1			1								2
	高校成績	1			1								2
	小計	2			2								4
その他	入試区分	1	1		1			1				1	5
	小計	1	1		1			1				1	5
	合計	164	29	23	22	19	13	10	8	5	4	10	307

【指標Ⅱ】
① 入学後学業成績
② 学生の意識・活動等の調査結果
③ 医師国家試験の合否
④ 卒業後進路
⑤ 留年
⑥ 教員による評価
⑦ 卒業研究の評価
⑧ ドロップアウト
⑨ 卒業後活動状況
⑩ 大学独自指標
⑪ その他

区分」「入試成績」，指標Ⅱに，「入学後学業成績」「卒業後進路」といった複数の指標を用いて分析しているものは，のべ数をカウントしている。

　全体的な傾向として，指標Ⅰで一般的に用いられてきたのは，「入試区分」，「入試成績」，「高校成績」であり，指標Ⅱでは「入学後学業成績」である。これらの分析の中心は，入試区分別にみた入学者の入学後学業成績の比較や入試成績と入学後学業成績との相関関係を検討するものが該当する。特に，指標Ⅱとして「入学後学業成績」が用いられる割合が高いことから，入学後の学生のパフォーマンスを評価する指標として重要視されている傾向がみられる。また，入試方法の妥当性検証という観点からは，従属変数として，同指標が用いられる傾向がみられ，入学後の学業成績が良い学生を獲得することが，妥当性の高い入試方法であるという見方が存在することがうかがえる。

　一方，指標Ⅱにおいて2番目に多い「学生の意識・活動等の調査結果」は，入学後の学業成績とは異なる評価指標である。「入試区分」との関係では16件が該当しているが，その内の13件がAO入試に注目した分析である。これは，AO入試が「受験生の能力・適性や学習に対する意欲，目的意識等を総合的に判断しようとする…（省略）」（大学審議会，2000）といった性質を有するゆえに，入学後の評価指標も学生の意欲や目的意識を検証するものにならざるを得ないことが主な理由であろう。

　その他の組合せは，各大学および学部等の実情に合わせたものが多い。分野別でみると，医学系において，前述した医師国家試験の合否という結果が重要な指標になっている。また，理工系では，大学院進学率などが含まれる「卒業後進路」を評価指標に設定しているのが特徴的である。

5．代表的な分析結果

　前節では，追跡調査で用いられる指標にどのようなものがあり，どのような視点から分析しているかを整理した。こうした分析結果から得られた代表的な知見は，以下の4つにまとめられる。

①　「入試成績」と「入学後学業成績」には相関関係がみられず，むしろ調査書の評定平均を中心とした「高校成績」の方が，入学後の学業成績を予測している。

② 大学入学後の学業成績において，一般教育課程および教養教育といった学業成績と専門教育の相関関係は強く，その後の進路（大学院進学など）にも一定の影響力をおよぼしている。そして，好成績を修める者の特徴は，入試成績上位者というよりも入学後のモチベーションや勉学に対する高い意欲を持つ学生である。

③ 医師国家試験の合否に影響力があるのは，入試成績そのものではなく，入学後の学業成績が大きな要因となっている。属性別にみると現役生が相対的に優秀な成績を示し，推薦入試は，現役生を獲得するために有効な方法だといえる。

④ 入試区分別による比較結果からは，次のような特徴がみられた。

　・　一般入試では，前期日程および後期日程入学者の入学後の成績に大きな差はない。

　・　推薦入試での入学者は，他の入試区分の入学者よりも相対的に優秀である。ただし，大学の設置形態，推薦入試の方式（指定校，公募制，夜間コースなど），その時々の競争倍率といった各種条件によって状況は様々である。

　・　AO入試入学者の入学後学業成績は，他の入試区分の入学者と比べて遜色ない。また，彼らは受験する上で大学のことをよく調べ，高い学習意欲や積極性を持って入学する傾向があり，入学後の満足度も高いという事例もある[4]。

◆◇◆
第4節　まとめ

　本研究では，個別大学における追跡調査に注目し，『大学入試研究ジャーナル』に掲載された報告をレビューした。その結果，全ての大学や学部にとって汎用的な追跡調査の方法や共通的に援用できる分析結果はほとんど存在しないということが分かった。つまり，それぞれの大学や学部が置かれた状況に則した形でのアプローチが求められるのである。その中で，少なからず共通性の高いものについて第3節第5項で代表的な結果をまとめたが，課題点も含まれる。

その1つが①に関するもので，いわゆる「選抜効果」の問題である。倉元（2008）によれば，「選抜に用いられた成績は不合格者の入学後の成績というものが存在しないので，受験者集団は予測的妥当性が高かったとしても，見かけ上，入学後との相関係数が小さくなる。選抜に用いられない指標は選抜による影響が小さい。したがって，相関係数を単純に比較して選抜資料の妥当性を判断するのは明白な誤りである」とされる。今回の抽出論文で，「入試成績」および「高校成績」と「入学後学業成績」との相関分析がなされたものは，全部で43件（のべ数）あり，その内20件が選抜効果に配慮したものであるものの（うち，4件は選抜効果の修正公式を適用），23件は選抜効果が意識されずに結論が導き出されている。こうした追跡調査の技術的問題に配慮せずに入試方法等の改善がなされれば，時として自らが意図しない方向へ舵が切られるリスクを持つ。本稿では，選抜効果の問題を取り上げたが，その他にも入試場面における同様の問題は多く存在する（平野，1993）。入試研究特有の問題点は，同研究に携わる者にとって共通知として認識されるべきものであろう。そうでなければ，今後も生産的とは言えない議論の繰り返しを招く可能性も否定できない。

　一方，②の結果は，ほぼ全ての追跡調査において共通した結論であった。つまり，入試成績や入試方法の違いが大学卒業時点までのパフォーマンスを予測することが極めて困難であることを意味している。これは，ある意味当然のことで，仮に，入試成績や入試方法の違いによる影響が卒業時まで存続するのならば，「大学教育とは一体何なのか」という違う次元での問題提起になろうかと思われる。

　以上の点を踏まえたとき，1つの視点が示唆される。大学教育の前半期における学習成果と後半期の専門教育等における学習成果において一定の相関が認められることを前提とするならば，前半期の大学教育を充実させることが，大学教育全体からみれば重要な鍵を握るポイントとみることができる。特に，入学初年次に行われる教育を高大接続の観点から捉え直すことは，大学入門科目に留まらないリカレント教育も含めた初年次教育の在り方を議論する上で必要な視点となるだろう。となれば，入学時における学生の学力面，意識面を含めたレディネス（readiness）の把握は，大学教育全体を考える上で不可欠な要素となるではなかろうか。

入試区分や入試成績，高校成績といった指標Ⅰに含まれる情報をはじめ，指標Ⅱに含まれる（アンケート調査等による）学生の意識・活動等の調査結果など，追跡調査に用いられてきた情報は，レディネス把握のための不可欠な情報となりうる。従来は，入試方法の妥当性などの検証のために，こうした情報が利用されてきたが，今後は，入学後の教育支援のために有効な情報として活用可能な形でフィードバックされることが期待される。ただし，入試成績や高校での履修状況および学生アンケートの回答も含め，すべての情報を学生単位で把握するためには，情報収集の工夫（例えば，アンケート回収率アップ）や個人情報の保護など配慮すべき点は多く，一筋縄でいかないのも事実である。しかし，こうした課題を1つずつクリアしながら，あくまでも学生の教育にとって役立つ情報が得られるような追跡調査を実施することは，結果的に何が初年次教育において必要なのかを明確化することに繋がる。ひいては「何をどの程度学んできてほしいか」（中教審，2008）というアドミッション・ポリシーを策定するための具体的な視点ともなりうるだろう。こうした教育的活用を前提にした入試研究が，今後蓄積されていくことを期待したい。

文　献

中央教育審議会（2008）．学士課程教育の構築に向けて（答申）　文部科学省
大学審議会（2000）．大学入試の改善について（答申）　文部省
林　篤裕・伊藤　圭・田栗　正章（2008）．大学で実施されている入試研究の実態調査　大学入試研究ジャーナル，**18**，147-153.
平野　光昭（1993）．国立大学の入試に関する常識と非常識　名古屋大学教育学部紀要　教育心理学科，**40**，4-14.
倉元　直樹（2008）．追跡調査のスタンダード――柳井・及川・伊藤・背川・菱沼・堀内・伊部論文へのコメント――　大学入試研究ジャーナル，**18**，177-178.
鳴野　英彦（2003）．国立大学におけるアドミッション・オフィスの系譜　高校と大学のアーティキュレーションに寄与する新しい大学入試についての実践的研究（平成14年度日本学術振興会科学研究費補助金（基盤研究（A）．研究課題番号12301014（研究代表者　夏目　達也）研究成果報告書，301-313（本書第1部第2章）.
高野　文彦（1994）．研究プロジェクト"大学入学者の特性と選抜方法との関連についての追跡調査研究"の最終報告　大学入試研究ジャーナル，**4**，74-81.
渡辺　哲司・福島　真司（2008）．公表データからみるAO入学者の評価――国公私立16大学からの追跡調査報告レビュー――　大学入試研究ジャーナル，**18**，131-136.

第2部　大学入試研究の実情と課題

注

1）国立大学入学者選抜研究連絡協議会は，平成18年度（2006年度）より，公立大学，
私立大学も含めた，「全国大学入学者選抜研究連絡協議会」（以下，「入研協」と略
記）となった。

2）「平成21年度大学入学者選抜実施要項」以降，「選抜方法」という表現が「入試方
法」という表現に統一されているため，本稿でも入試方法と表記する。

3）大学入試研究ジャーナルに掲載されたものとして，渡辺・福島（2008）の研究が
あるが，AO入試の追跡調査に限定されている。また，高野（1994）は，各大学の
追跡調査を整理しているが，レビュー論文というよりは，研究プロジェクトの報告
論文に位置づけられる。

4）上記，渡辺らの報告を参照されたい。

第8章

大学入試研究者の育成
——「学生による入試研究」というチャレンジ——[1]

東北大学高度教養教育・学生支援機構　教授　倉元　直樹

佐賀大学アドミッションセンター　教授　西郡　大

第1節　大学入試学の成立要件

　我が国では大学入試に関わる研究の歴史は，決して浅くはない。しかし，それらの研究成果がしっかりと蓄積され，十分に活用されているかと問われると心もとない。倉元（2008）は，大学入試に関連して継承されるべき「専門知」には既にある程度の蓄積があるにもかかわらず，学問分野としての「大学入試学」が構築されて来なかった主たる要因として，大学入試の研究を志す者にとって「専門的職業人としての身の置き所が少なかったこと」「学会が存在しなかったこと」を挙げた。例えば，現在の入研協の前身である国立大学入学者選抜研究連絡協議会が発足したのは昭和55年（1980年）であったが，旧入研協の構成員は各大学の入学者選抜方法研究委員会という委員会組織であり，入試研究を専門とする常勤教員のポストが設けられた訳ではなかった。旧入研協の発足から約10年を経過した後の大学入試研究ジャーナル創刊号の巻頭言にも「各大学でこのような調査研究に携わっている者は……（中略）……別にそれぞれの専門分野での研究と教育の本務を有している（熊本，1991）」との認識が示されている。すなわち，主として入試研究を支えてきたのは専門外の人々だった。

　当時から十数年が経過し，状況には大きな変化がみられる。国立大学を中

---

[1]　本章は「大学入試研究ジャーナル」第19巻に同一のタイトルで執筆された論文をほぼ原文のまま再録したものである（倉元，2009，文献リストは第2部・Introduction「『大学入試学』の成立条件」末尾に記載）。原文には和文要旨が掲載されていたが，本章では省略した。著者の執筆当時の所属は倉元が「東北大学高等教育開発推進センター・准教授」，西郡が「佐賀大学アドミッションセンター・准教授」。

心にアドミッションセンターが広がり，大学入試を専門に研究する研究者の受け皿が出来つつある。鴫野（2003）によれば，国立大学のアドミッションセンターは当初から「『AO 入試』の企画立案及び実施」「……各種進学情報提供の企画立案及び実施」「……専門的かつ長期的な検討を必要とする入試改善のための調査研究（傍点筆者）」を事業内容として設立されたものであり，「AO 入試」に専管的に関わるわけではないとされている。入試研究は当初からアドミッションセンターの主要な業務として期待されており「アドミッションセンター＝ AO 入試実施部門」とする必要はない。AO 入試を行っていない大学にアドミッションセンターが設けられている例もある。

　学会についても活路が開ける可能性がある。大学入試学の輪郭が明らかになり，大学入試の専門的研究者が増え，短いサイクルでほとんどのメンバーが入替る状況が解消されれば，今後，この入研協に学会的な役割が期待できる。

◆◇◆
第 2 節　大学入試学の必要性

　初めて「大学入試学（Admission Studies）」という用語を用いて大学入試を専門に研究する分野の必要性を訴えたとき，倉元（2006）は，その意義をわが国の高等教育における長期的な公共的利益の維持に求めた。個別大学の立場に立てば，アドミッションセンターの教員が自らが所属する大学のアドミッション・ポリシーに合致した人材獲得を最も重要な使命と考えるのは当然である。しかし，「近視眼的な個別利益の追求が次第に高校以下の教育を疲弊させる結果を招く」危険性は看過できないものがある。

　直近の例で言えば，AO 入試の急激な量的拡大が挙げられる。教育課程が大幅に緩められ，高等教育へのユニバーサルアクセスが達成されつつある状況下，ペーパーテストと受験勉強の否定から出発するような形態の AO 入試の拡大によって「受験勉強のみならず肝心の『勉強』という行為そのものが空洞化してしまうのではないかという懸念（倉元，2000）」が当初から指摘されていた。それにも関わらず，当時，既に大学入学者全体の約 1 / 3 に膨らんでいた推薦入学とともに「学力不問の入試が拡大した」として，問題視

され，対策が検討される事態に陥っている。選択制カリキュラムの普及によって，学ぶ内容が細分化された受験シフト（荒井，2000）が高校教育に広がっている状況を把握した上で，手間隙を掛けるほど望む学生を獲得できるといった「総合的かつ多面的な評価」の前提が統計的分析結果の誤解によって産み出された根拠薄弱なものであった（木村，2007）という歴史的認識が個別大学の入試設計を司る者の間で広く共有されていたならば，「学力不問」と揶揄されるような選抜方法が野放図に広がって高校教育の空洞化を促進する事態を未然に防ぐことができた可能性は高い。

　十分な専門性を有する入試研究者を擁することは個別大学の利益にもつながる。吉村（2008）は「出来るだけ効率的にかつ確実に受験生を志望大学に合格させることを目的とし，どの大学にどれだけ合格させたかによって評価される」立場を「受験のプロ」と呼んだ。そして，それと対比される立場としての「入試のプロ」を「目的に応じた適切な入学者選抜の設計を行えるべきであり，入学させたい生徒を適切に選抜できたかどうかによって評価されるべきである」と規定した。一般入試における入試科目を例に取ると，単純に受験科目を削って目先の志願者増を図ろうとするのは「受験のプロ」の発想と言える。一方，入学する学生の質が志願者数に左右されない（植田・内海・平，1997）可能性を認識した上で，教科・科目数の変化が志願動向や学生の質に与える影響について，過去の入試研究の成果（例えば，鈴木・鳴野，2005）を活用しながら予測し，アドミッション・ポリシーにふさわしい受験生を長期的に惹きつける入学者選抜制度，方法の設計ができるのが「入試のプロ」である。各大学に専門的入試研究者，吉村の言う「入試のプロ」が配置されていくことによって，学生，生徒の学習意欲の低下，それに伴う現象としての学力低下のスパイラルという副作用を生ずることなしに，本来の活力のある大学間競争も期待できるのではないだろうか。

◆◇◆
第3節　大学入試研究における構造的困難

　それでは，大学入試学の構成要素たるべき大学入試研究とはどのようなものと言えるだろうか。林・伊藤・田栗（2008）は学士課程を持つ712大学に

対する入試研究の実態調査を行った。その結果，「追跡調査」「受験者・合格者等の属性分析」「広報」「高校調査書の評価方法」「推薦入試・AO入試などの特別な入試」「入学前教育」などに関わる研究テーマが多く見出された。

　まさしく，ここに大学入試研究が抱える構造的問題が表れている。それは大学入試研究者育成に関わる困難である。通常の分野ならば，研究者養成目的の大学院を通じて後継者養成が行われる。適当な研究テーマを選び，研究者としてディシプリンを磨くことが可能である。それが大学入試研究では著しく困難である。その所以は大学入試研究で扱うデータの特殊性にある。「追跡調査」「属性分析」といったテーマの実証研究には機密性の高い個人情報を扱わざるを得ない。情報に接しうる者が限定されるので，学生がこのようなテーマの実証的研究を行うのは不可能である。林他（2008）の調査対象が大学を対象としていたこと，それ自体に入試研究は機関が主体となって行うものだという認識が表れている。結果的に「大学入試研究者は大学に職を得た後にオン・ザ・ジョブ・トレーニングで育てる」という発想になるが，アドミッションセンターの職を腰掛として扱う者も出てくる。倉元（2008）が指摘しているように「ある程度の面倒なトレーニングを積んだ上での専門性」が求められると考えるならば，それでは限界がある。大学入試研究が蓄積され，生かされるようになるには大学入試学の成立と入試研究者の育成システムの存在が不可欠である。

第4節　学生による入試研究の成果

　入試研究が十分に認知されない現状の根本原因が入試研究者の育成システムの不在と考えた筆者らは，出来る範囲で個人的に努力することを志向した。平成14年度（2002年度）から新設の独立大学院を兼務したのを機会に，第一著者は通常業務としての入試研究の傍ら，指導学生との共同による入試研究を試みてきた。

　本報告は，「学生の立場で可能な入試研究」を模索してきた試みについての事例報告である。

　初めて入試研究に携わる人材育成の必要性が表明されたのは福井大学アド

ミッションセンター主催の研究会であった（福井大学アドミッションセンター，2005）。大学入試研究者の素養として「専門分野＋データ解析力＋現場感覚」という図式が示された。学生に可能な限られたテーマで，上記の素養を磨いていく必要がある。

　同時に研究成果の発表機会を保証しなければならない。現在，入研協が大学入試に関わる研究発表機会として唯一の特別に設定された場であるが，学生は参加できない。その代わり，いくつかの学会では，大学入試に関わる研究も関連領域として発表が許容されると考えた。さらに「大学入試研究ジャーナル」は公開の大学入試専門の学術誌であり，発表媒体としての障害は存在しない。大学の紀要も利用できる。

　若手研究者が対面で互いに研究を披露し，相互研鑽を行う研究交流の場も必要である。福井大学AO入試研究会は，その後，通称「若手の会」として引き継がれ，貴重な研究交流の場となっている（倉元・西郡・島田・木村・デメジャン・中畝・吉村・大谷・大久保・福島，2008）。

　表8-1はこれまでに行われてきた学生による入試研究の成果である。学生時代に投稿した論文が職を得てから採択された例が1件含まれている。47件の業績のうち，平成13年（2001年）〜平成15年（2003年）に学会発表4件，紀要論文が1件あったが，残りの42件は平成17年（2005年）以降のものである。なお，研究テーマの分類コードは林他（2008）による。

表8-1. 「学生による入試研究」業績[2]

	件数 (単，責，連)	媒体種別	テーマ
論文 （査読付）	11 (2, 6, 3)	大入研ジ3，学術誌3，紀要5	2 (5)，3 (2)，3 (3)，7 (91)，6 (99)* 2，7 (99)* 5
論文等 （査読無）	4 (1, 3, 0)	紀要3，総説1	2 (2)，7 (99)* 3
報告書	3 (3, 0, 0)	学振2，学内プロジェクト1	6 (99)，7 (99)* 2
学会発表	13 (3, 6, 4)	教心5，テスト3，社心2，高教2，教社1，	2 (2)，3 (2)，6 (99)* 2，7 (99)* 9
シンポ・講演	3 (1, 1, 0)	学会2，学内プロジェクト1	6 (99)，7 (99)* 2
研究会発表	13 (13, 0, 0)	若手の会6，学振2，AC研究会1，他4	2 (2)* 3，2 (5)，3 (2)，6 (99)* 4，7 (91)，7 (99)* 3

　査読付の論文としては大学入試研究ジャーナルに3本，教育社会学研究，日本テスト学会誌，クオリティ・エデュケーション誌に各1本，査読付紀要5本はいずれも「東北大学高等教育開発推進センター紀要」である。学会発表は日本テスト学会の他，日本教育心理学会，日本社会心理学会といった心理学系と日本教育社会学会，日本高等教育学会といった教育学系の学会等にまたがっている。研究交流の場としては「若手の会」の役割が大きい。なお，表には現れていないが，研究手法としては質問紙の分析といった調査系の研究と歴史資料の分析に大別される。

　最も特徴的なのは研究テーマである。入試データ，教務データを扱えない[3]という制約が如実に現れている。表8-2によれば，47件のうち，林他（2008）のコードで分類可能だったのは13件に過ぎない。その中には，リスニングテスト方法の選好に関する研究（2[5]）（西郡・倉元，2008）や後期日程の廃止問題（3[3]）（倉元・西郡・佐藤・森田，2006）といった，重要でありながら，他には類似の研究がない分野が多い。表8-2に示した数値に定量的な意味は無いが，林他（2008）で挙げられた大学による940件の入試研究ではカバーされていないテーマが多いことが分かる。

　分類不能であった研究テーマは以下のようなものである。「6（99）入試制度：その他」は大学入試制度策定における統計の誤読（木村，2007）や大学入学者選抜実施要項の変遷に見る入試政策の変化（木村・倉元，2006），といったような内容である。完全に分類不能の「7（99）その他：その他」の多

表8-2．「学生による入試研究」のテーマ

コード	内容	件数(%)	林他(%)
2（2）	選抜方法：面接	5（11%）	10（1.1%）
2（5）	選抜方法：リスニングテスト	2（4%）	1（0.1%）
3（2）	特別な入試：AO入試	3（7%）	31（3.3%）
3（3）	特別な入試：受験機会の複数化	1（2%）	0（0.0%）
7（91）	その他：アドミッションポリシー	2（4%）	6（0.6%）
6（99）	入試制度：その他	10（22%）	3（0.3%）
7（99）	その他：その他	22（49%）	17（1.8%）

くは入試の公平性に関わるもの（例えば，林・倉元，2003：西郡・倉元，2007）である。他に受験生から見た学部名のイメージ（倉元・佐藤，2006）といった個別大学の広報戦略，入試ミスの事例分析（西郡，2008）といった重要なテーマについて，公開情報のみから追究を試みた研究もある。入試研究を支える一つの重要な柱に「現場感覚」が挙げられているが，このような研究テーマの選択は，まさに現場感覚に基づくものであろう。入試の実務に携わることができないハンディを，十数回に及ぶ高校訪問への随行や入試説明会の補助といった機会で補ってきた結果と考えられる。

◆◇◆
第5節　学生による入試研究の限界

　以上のように，研究遂行上の障壁のゆえに，ユニークなテーマの研究が可能な側面を利点と考えることもできるが，学生であるが故の限界が如実に現れる場合もある。

　例えば，面接（2 [2]）のテーマでは5件の研究成果が得られていた（例えば，西郡，2007a）。これらの研究は，社会心理学的公平性の概念から選抜方法の適切さを評価する試みの一環である。面接の公平性に対する印象が「構造的要因」と「社会的要因」により決まり，前者では受験生にとっての過程コントロール，後者は面接員の態度や面接の雰囲気が重要な鍵を握るなど，面接試験の設計にとって重要な知見が得られてきた。しかし，これらの知見を導く元となったデータは，いずれも既に大学に入学した学生を対象とした回顧的な調査である。したがって，本来の研究対象である受験生にそのまま当てはめてよいかどうか，という問題が残る。すなわち，合否の結果が見えない不安定な立場に立つ受験生の感覚と，入学直後とは言え，自ら望む結果を手にした後の学生の感覚とは決して同じではないだろう。

◆◇◆
第6節　限界への挑戦

　以上の問題を解決するために，結果的に学生の立場として実施可能な研究

の限界点を探る試みを行うこととなった。すなわち，学生の立場でありながら，実際に面接を受けた受験生のデータを収集しようと試みたのである（西郡，2007b）。

　本稿では，調査データ自体の分析は行わない。「学生による受験生調査」という依頼に対する各大学の検討結果から，学生の立場で可能な入試研究の限界とその理由を探った。

1．受験生調査の概略

　調査自体の目的は，受験生が面接試験に対して抱く印象を向上することにより，入試を通じて最終的に大学のイメージアップの方策を導くことにある。具体的には，面接手続きの要素が受験生に与える影響を分析する。所要時間5〜10分の質問紙調査である。

2．調査依頼とその結果

　平成19年度（2007年度）の入研協第2回大会の場などを利用して，第1著者が25大学に対して，面接試験直後の受験生に対する調査依頼を非公式に行った。依頼を受けた25大学のうち10大学では実際に調査の可否を具体的に検討していただくことができ，そのうち，3大学から調査実施の許諾を得た。平成20年度（2008年度）入試で実際に調査を行った。

3．調査不許可の理由

　表8-3は，検討の結果，調査実施を不許可とした理由を提示された場合の具体的内容の要約である。この中で最も重要なのは「(5)受験生への影響」であろう。入試の機会においては，あくまでも事前に定められた手順により公正に入学者を選抜することが最重要事項である。したがって，公正性を脅かすと認識される要因を新たに介入させるわけにはいかないであろう。すなわち，調査そのものがリスクであるという認識に至れば，当然，許可するわけにはいかない。

　一方，「(1)実施手順上の困難」，「(4)他大学からの依頼」を理由とした場合には，条件によっては調査が可能との判断を示したものである。すなわち，

（1）実施手順上の困難
（2）関係者の理解が得られない
（3）外部からのクレームへの懸念
（4）他大学からの調査依頼である
（5）受験生への心理的影響への懸念
（6）受験生の情報の目的外利用
（7）その他

ここで主として問題なのは調査主体である。調査主体が受験生に対して責任を負える立場にあり，実施可能な手順が見出せるならば，調査自体が不可能とは考えない。入試の実施に責任を負えない学生が行う入試研究の限界は，ここに示されたものと思われる。「（2）関係者の理解」，「（3）外部からのクレーム」も，基本的には（1），（4），（5）から派生するリスク管理の問題と位置づけられる。

　なお，「（6）受験生の情報の目的外利用」は以上のような理由とは若干趣を異にする。この問題は，個人情報の保護と調査対象者の同意手続きの重要性を指摘したものと考えられる。社会調査一般に通じる倫理的な事柄であろう。

◆◇◆

第7節　結語

　入試研究においては，研究主体が「誰」であり，研究目的が「何」であるかという点が決定的に重要であることが再確認された。多くの研究で行われているようなスタイル，すなわち，個別大学の入試改善を目的として行う研究プロジェクトの一翼を学生に委ねるような手段で入試研究者の育成はできない。その一方で，意識的に入試研究者を育成して行かなければ，継続的に将来の入試改善につながる研究成果を蓄積していくことは不可能である。組織的な入試研究者育成システムの構築が待たれる。

　現状では，アンビバレントな条件の下，学生ならではの入試研究テーマを苦労して探るしかない。そのことが，結果的に入試研究そのものの広がりにつながっていくことを期待したい。

謝 辞

　「学生による受験生調査」という無謀な依頼に対して，真摯に受け止めて貴重な時間を割いて検討してくださった関係者の方々，一方ならぬご厚意により調査を許諾してくださった3大学の皆様，調査の実施に同意し，実際に回答してくださった受験生の皆様に対して，心から御礼申し上げます。

文 献

荒井 克弘（編）（2000）．学生は高校で何を学んでくるか　大学入試センター研究開発部

福井大学アドミッションセンター（2005）．平成16年度AO入試研究会講演要旨集（取扱注意）

林 篤裕・伊藤 圭・田栗 正章（2008）．大学で実施されている入試研究の実態調査　大学入試研究ジャーナル，**18**，147-153（本書第2部第6章）．

林 洋一郎・倉元 直樹（2003）．公正研究から見た大学入試　教育情報学研究，**1**，1-14．

木村 拓也（2007）．大学入学者選抜と「総合的かつ多面的な評価」――46答申で示された科学的根拠の再検討――　教育社会学研究，**80**，165-186．

木村 拓也・倉元 直樹（2006）．戦後大学入学者選抜における原理原則の変遷――『大学入学者選抜実施要項』「第1項　選抜方法」の変遷を中心に――　大学入試研究ジャーナル，**16**，187-195．

熊本 芳朗（1991）．はじめに――大学入試研究ジャーナルの発刊にあたって――　大学入試研究ジャーナル，**1**，1-2．

倉元 直樹（2000）．東北大学のAO入試――健全な「日本型」構築への模索――　大学進学研究，**114**，9-12．

倉元 直樹（2006）．東北大学における「アドミッションセンター」の取組と課題　2006：大学入試フォーラム，**29**，15-23．

倉元 直樹（2008）．追跡調査のスタンダード――柳井・及川・伊藤・萱間・菱沼・井部論文へのコメント――　大学入試研究ジャーナル，**18**，177-178．

倉元 直樹・佐藤 洋之（2006）．高校生の大学イメージ　大学入試研究ジャーナル，**16**，179-185．

倉元 直樹・西郡 大・木村 拓也・森田 康夫・鴨池 治（2008）．選抜試験における得点調整の有効性と限界について――合否入替わりを用いた評価の試み――　日本テスト学会誌，**4**，136-152．

倉元 直樹・西郡 大・佐藤 洋之・森田 康夫（2006）．後期日程入試の廃止問題に対する高校教員の意見構造　東北大学高等教育開発推進センター紀要，**1**，29-40．

倉元 直樹・西郡 大・島田 康行・木村 拓也・デメジャン アドレット・中畝 奈緒子・吉村宰・大谷 奨・大久保 貢・福島 真司（2008）．「追跡調査に関わる量的・質的研究」研究会――平成18年度アドミッションセンター若手の会――発表要旨　東北大学高等教育開発推進センター紀要，**3**，335-348．

西郡 大（2007a）．大学入試における面接試験に関する検討――公正研究からの展望

——教育情報学研究，**5**，33-49.

西郡 大（2007b）．面接試験に関する研究——調査の展望とその難しさ—— 「個別大学のアドミッションセンターで入試研究を行う上での問題点の認識及び解決策の共有化に関する調査」第 1 回研究会—2007年若手の会(1)— 大学入試センター

西郡 大（2008）．個別大学における入試関連手続きミスのパターンと影響度の検討——新聞記事を題材に—— 日本高等教育学会第11回大会発表要旨集録，200-201.

西郡 大・倉元 直樹（2007）．日本の大学入試をめぐる社会心理学的公正研究の試み——「AO 入試」に関する分析—— 日本テスト学会誌，**3**，147-160.

西郡 大・倉元 直樹（2008）．大規模リスニングテストに対する高校生の受け止め方——リスニングテスト試聴体験に対する意見の分析—— 東北大学高等教育開発推進センター紀要，**3**，77-90.

鴫野 英彦（2003）．国立大学におけるアドミッション・オフィスの系譜 夏目 達也（編）高校と大学のアーティキュレーションに寄与する新しい大学入試についての実践的研究（平成12〜14年度日本学術振興会科学研究費補助金（基盤研究［A］）），研究課題番号 12301014，研究代表者 夏目達也，研究成果報告書，301-313（本書第 1 部第 2 章）.

鈴木 規夫・鴫野 英彦（2005）．センター試験利用教科・科目増の影響——平成15年度と平成16年度のセンター試験利用状況の比較を通して—— 大学入試センター研究紀要，**34**，59-88.

植田 規史・内海 爽・平 直樹（1996）．愛媛大学医学部における小論文入試への取り組みとその成果について 大学入試センター研究紀要，**25**，1-40.

吉村 宰（2008）．望月論文へのコメント 大学入試研究ジャーナル，**18**，43-44.

注

1 ）投稿時点での所属は「日本学術振興会特別研究員／東北大学大学院教育情報学教育部」。

2 ）表8-1中の件数は左から（単著・単独発表，責任発表・筆頭，連名）である。テーマの表示は「コード＊件数」である。

3 ）表中には含まれていない共同研究論文の中に入試データを扱ったものがある（倉元・西郡・木村・森田・鴨池，2008）が，学生がデータに触れる機会はなかった。

大学入試研究の可能性

「実学」としての大学入試研究

　第3部は実際に役立つ「大学入試学」の可能性を示唆するような研究を集めて再録した。伝統的な追跡調査に関わる研究もあまたある中，あえて選んだ4編はそれとは異なる可能性を秘めたものである。

　第9章，第10章は「入試ミス」の研究である。入試ミスは各大学が頭を悩ませながらも根絶することが困難な課題で，大学入試の宿痾のようなものである。それでも，第9章表9-1で示されたように，入試ミスとされる内容の大半が「出題関連ミス」と「合否判定ミス」に集中している。この情報だけでも個別入試を運営する大学側にとって細心の注意を払うべきポイントが明確になってくる。さらに，第10章表10-1は示唆に富む。要は，入試実施前に見つけ出し，訂正することができれば「入試ミス」にはならない。逆に，見逃してしまった場合，その発見が遅れれば遅れるほど，大学にとっても受験生にとっても深い傷を負ってしまうことになる。そういう意味では，万が一，入試ミスが起こり，それが顕わになった場合，その時点での状況の深刻さと取るべき対応がクリアになる指標が得られたと言える。

　それに加えて，入試ミス，ないしは，その疑いが生じるような事例が生じた場合には，決して隠そうとせずに早期に適切に対処することが最も重要であることが分かる。そのための組織的体制をどのように構築していくかが各大学にとっては課題となるだろう。

　こういった直接的な示唆が数多く導き出せるという意味で，この2つの一連の研究は，極めて実用性が高い研究と評価することができるのではないかと考えた。

　良い入試問題を作成しようといかに意気込み，注意を払ったとしても出題関連ミスをなくすことができないのは，大学入試という営みの具体的プロセスが極秘事項だからである。一方，ミスを発見するためには多くの目，特にプロセスに関わらない第三者のバイアスのない目が必要となる。この二律背反の状況の中で，毎回の実務を間違いなく進め，完了していくためにどのような工夫が求められるのか。この研究の持ち味は，この上に積み上げられる

次の研究課題が見え隠れしていることにもある。ただし，実際に着手できるかどうかというのは難しい問題でもある。

　本書の冒頭，「はじめに」でも触れたが，この研究は，実質的に遂行した西郡大氏が学生時代に行ったものである。ある意味，実務経験がない「怖いもの知らず」だったからこそ，取り組むことが可能だった研究課題とも言える。毎年，何らかの形で大学入試業務に関わる立場になると，必然的に当該の研究課題を追究することによる波及効果について，まず，最初に考えることになってしまう。自らが携わる入試でミスを完全に防ぐことが可能だという確信がなければ，正直，二の足を踏んでしまうようなリスキーな研究課題と感じられる。その意味では，第2部で問題提起したように，大学入試研究が一般の学術的研究とは異なる構造的な難しさを抱えていることを浮き彫りにしたテーマとも言える。反面，データの面での制約があるにせよ，将来の研究者となる学生の育成ということを考えた場合には，大学入試研究のテーマ的な広がりという意味で可能性が感じられる研究課題でもある。

　第11章は東北大学の実務，特に，入試広報という観点からの高大接続関係に対して，実際に大学にとって示唆を与えた研究である。10年以上前に発表されたものなので，必ずしも全ての指標が現在にも通用するわけではない。例えば，入試制度も変化を遂げている。すなわち，推薦入試が廃止になり，一般入試の後期日程試験も実施が2学部まで縮小されている。その分，AO入試の比重が大きくなっている。それでも，ここで分析されていたような受験生の出身地構造の基本は，緩やかに変化しながらも，現在でも大きくは変わっていない。

　この研究のテーマは「如何にして費用対効果が高い入試広報活動を展開するか」というものであった。平成19年度（2007年度）入試を行っていた論文執筆当時，東北大学は「大学ランキング2007」では「広報に熱心な大学」で第4位にランクされていた（朝日新聞社出版本部「大学」編集室，2006，83）。その後，「大学ランキング2016」（アエラムック教育編集部内「大学」編集室，2015，99）で第1位となって以来，現在までその地位を保ち続けている。当事者としての感想を述べさせていただくならば，入試広報予算が極めて限られた国立大学という立場にありながら，不思議なほど高い評価をいただいていると感じる。

東北大学の入試広報活動は，基本的にシンボルとなる活動に労力を集中投入するスタイルである。当時，参加者数19,167名で全国第6位にランクされていたオープンキャンパスは，東北大学の入試広報の象徴とも言える中心的な活動だが，平成29年度（2017年度）では参加者数が65,958名，全国第3位の規模まで拡大した（アエラムック編集部，2019，363）。他大学も参加者数を伸ばしている中ではあるが，ランキングがさらに上がっていることと，2日間の実施という期日が変わっていない中での話である。また，第11章で触れられていた，当時，試みに開始された新しい入試広報活動である「高校生，浪人生，及び，その保護者」に向けた説明会は，現在，「東北大学進学説明会・相談会」[1]と名称を変え，令和元年度（2019年度）には，東京，大阪，札幌，静岡，仙台，福岡の6都市にまで拡大している。実は，地元仙台を除き，開催5都市は全て第11章で「高校単位での効率的な広報活動が困難で，幅広い情報提供が必要となる」とされた「シティ」に分類される都道府県に立地している。必ずしもこの研究を参照しながら広報戦略を立案していったわけではないが，具体的なエビデンスを研究成果という形で保持していることによって，必要な際には成果を共有することができる。意思決定に際して無用な揺らぎや迷いが生じることがないのが大きな利点である。

第11章の分析指標は，完全に東北大学にカスタマイズされたものである。したがって，他大学でも同じ指標を用いて同様の知見を見出すことは，おそらく，不可能ではないかと思われる。具体的な分析を始める前に，入試制度と各入試区分の意味，受験生の出身地分布，志望の特性，高校の進路指導から位置づけなど，指標の作成に至る諸要因の分析が適切に行われている必要がある。第11章の場合は，東北大学の受験者，合格者の特性から，その出身地に目を付けたが，場合によっては，それ以外に必要な分析指標を析出してくる必要があるかもしれない。ある意味，実践的研究者としての工夫のしどころ，腕の見せどころである。機関研究としての大学入試研究の醍醐味は，まさしく，このような点にあると感じる。すなわち，単なるルーティンワークとしてのベンチマーク指標の計算と分析には存在しない，創造的な領域が広がっているのだ。第11章の分析手法は，若干，粗いかもしれない。伝統的な考え方ではこれを「研究」と認めない向きもあるかもしれない。しかしながら，実用的なニーズに応えてこそ，実学としての価値があると考えるべき

だろう。その意味で「大学入試学」の一つのモデルとなる研究成果と考えて，ここに再録した次第である。

　第12章は，東北大学の「アドミッションセンター」として，学生を迎え入れる部局の立場に立って一緒に具体的な問題解決に取り組む研究として取り上げた。第3章でも触れたが，大学入試学の専門研究者の身の置き所としてのアドミッションセンターを考えるならば，学生を受け入れて教育に携わる部局と同じ目線に立ち，一緒に具体的な問題解決に当たるという姿勢が，機関の学内的な存在意義を示し，存在基盤を支えることになる。同時に，ただの下請けにならずに，入試のシンクタンク，ないしは，コンサルタント的機能を果たすためには，一定の専門性を持って問題解決の方向性を示す実務的な問題解決能力が求められる。

　そういった意味では，第12章の研究は道半ばである。つまり，東北大学歯学部の状況分析を行い，来たるべき問題状況の予測までは行っているが，その解決法を提示するには至っていない。より具体的に問題解決に成功したとみなせる研究事例もあるが，あえてこの研究を再録したのには，以下の2つの理由がある。

　一つは，この研究を発表してからすでに4年が経過しているが，このタイプの研究として編者本人が行った最新のものだからである。その理由は，東北大学の入試研究組織としての「アドミッションセンター」に求められる機能が変化してきたことにより，優先的に解決しなければならない，より緊急で実践的な課題に直面するようになってきたことが挙げられる。残念ながら，以前のように特定の学部に寄り添って，一緒にじっくりと問題解決を志向するような研究を実施できる，時間的労力的な余裕がなくなってきた。これは，もちろん，良いことではないと認識している。課題の量，プライオリティ，マンパワーのバランスに依存するところは大きいが，学生の教育をつかさどる部局との共同研究は，機関研究としての大学入試学の基本とすべきである。

　もう一つは，これが大学入試学の現実的な在り方を示す一つの好例だと考えたからである。各大学とも，それぞれの課題に直面しており，問題状況を構成する要因は複雑である。一つの研究で解決への道筋を見出すことができるような状況は，むしろ，稀であろう。具体的な解決策としては，必ずしも，明確な成果を重ね続けることができるわけではない。それでも，この分野で

求められる専門的な知見と研究経験をベースに，自らの大学に入学してくる学生の基盤を部局に寄り添って一緒に考える経験を積み重ね，それを研究として表し続けることが，大学入試学という分野を確立するために必要なプロセスだと考える。

　大学入試学の研究テーマとしてはさらに様々なものが考えられる。これまでの研究実績積み重ねもあるので，今後，「東北大学大学入試研究シリーズ」を展開する中で，順次紹介していくことができれば幸いである。

引用参考文献

アエラムック編集部（2019）．大学ランキング2020　朝日新聞出版

アエラムック教育編集部（2015）．大学ランキング2016　朝日新聞出版

朝日新聞社出版本部「大学」編集室（2006）．大学ランキング2007　朝日新聞社

倉元 直樹（2007）．東北大学入試広報戦略のための基礎研究(1)——過去10年の東北大学入試データから描く『日本地図』——　東北大学高等教育開発推進センター紀要，**2**，9-22（第11章原典）．

倉元 直樹・市川 博之（2015）．東北大学歯学部における志願者・入学者の学力水準の変化——医学部医学科定員増の影響を中心に——　大学入試研究ジャーナル，**25**，63-71（第12章原典）．

西郡 大（2008）．大学入学者選抜における『入試ミス』の分類指標作成の試み　教育情報学研究（東北大学大学院教育情報学教育部紀要），7，39-48（第9章原典）．2008年8月．

西郡 大・倉元直樹（2009）．「新聞記事からみた「入試ミス」のパターンとその影響の検討」『東北大学高等教育開発推進センター紀要』4，39-48（第10章原典）．

注

1）他大学にもご協力いただいて実施するイベントの場合には，協力大学の名称も併記される。令和元年度（2019年度）においては，仙台，東京，福岡が単独開催，札幌，静岡，大阪は筑波大学等との共同開催となっている。

第9章

大学入学者選抜における「入試ミス」の分類指標作成の試み[1]

佐賀大学アドミッションセンター　教授　西郡　大

◆◇◆
第1節　はじめに

　一般的に，大学入学者選抜（以下，「大学入試」と略記）の手続きを考えたとき，その手続きが公正で厳格なルールに基づいて遂行されるべきだということに異論を唱える人は少ないだろう。仮に，不公正なルールや不備のある選抜手続きによって入試が実施されたとするならば，その手続きによって不合格にされた受験生は言うまでもなく，合格者ですら納得できるものではないことが予想される。つまり，合否の結果に関わらず，選抜手続きの公正性，厳格性は入試にとって大前提となるものであり，換言すれば，「入試の品質」を担保するものであると言っても過言ではない。特に，入学希望者総数が入学定員総数を下回る状況を示す大学全入時代の到来を背景に，「大学サバイバル」（古沢，2001）とも呼ばれるような熾烈な生存競争に晒されている各大学は，国公私立に関わらず学生確保が至上命題の1つであるといえる。仮に，不公正な入試を行っていることが判明すれば，多くの受験生から敬遠され，学生確保に支障をきたすかもしれないし，最悪なケースに至っては大学の経営基盤を揺るがしかねない。とすれば，積極的に不公正な入試を実施しようとする大学は基本的に有り得ないはずであろう。しかしながら，時として，「入試の品質」に嫌疑がかかる場面に我々は直面することがある。それが「入試ミス」である。例年，入試シーズンになると出題ミスや合否判

1　本章は「教育情報学研究（東北大学大学院教育情報学教育部紀要）」第7巻に同一のタイトルで執筆された論文を再録したものである（西郡，2008，文献リストは第3部・Introduction「『実学』としての大学入試研究」末尾に記載）。原文には和文要旨，英文要旨が掲載されていたが，本章では省略した。著者の執筆当時の所属・身分は「東北大学大学院教育情報学教育部・博士後期課程在籍中／日本学術振興会特別研究員」。

定ミスなどの「入試ミス」が新聞等で報道され各大学の「入試の品質」が露呈する。重大なミスはもちろん，単純なミスでも連続して発生すれば，当該大学の入試に対するイメージが損なわれる。これは，「入試ミス」が「入試の品質」を脅かすリスクとして隣り合わせに問題であることを示している。文部科学省（以下，「文科省」と略記）が，入試ミスに関して，各国公私立大学大学長宛に「大学入学者選抜における出題・合否判定ミス等の再発防止について（通知）」（参考資料Ⅰ)[1]という形で毎年注意を促していることからみても，個別大学の「入試ミス」が，入試制度全体に関わる「入試の品質」として，大きく関与していることが窺える。

　このように「入試ミス」は，「入試の品質」を考える上での一つの要素だと考えることができる。しかしながら，「入試ミス」そのものを俯瞰するような試みは管見の限り見当たらない。そのために様々な「入試ミス」が存在するにも関わらず，「入試ミス」を分類するための枠組みとなる指標がほとんど存在しない。そこで本稿では，これまで「入試ミス」に関して報道されてきた新聞記事を題材に，一概に「入試ミス」と括られるものを分類するための指標を作成することを目的とする。

第2節　方法

1．題材とする記事の選定

　題材とする記事は，きめ細やかな検索処理が可能な「聞蔵 Digital News Archives for libraries」という記事検索システムを持つ朝日新聞の記事に限定した。本稿の目的が正確な事例件数の把握よりも指標作成にあることを考えれば，対象とする新聞社は一社で十分であると判断した。なお，本検索システムは，対象紙名として「朝日新聞」だけでなく，「アエラ」と「週刊朝日」も検索対象に設定できるが，「朝日新聞」本紙のみを検索対象とした。これは同時に，地方版も合わせて検索される。

　検索の対象期間は，センター試験が実施された年である平成2年（1990年）1月1日から平成19年（2007年）12月31日までとした。その理由は次の3点である。まず，当該期間は，一貫してセンター試験が行われており，ほ

ぼ同じ入試制度の下で各大学の入試が実施されていること。次に，戦後から1990年までの新聞記事についても同様に検索を行ったが入試ミスに関する記事が極端に少ないこと。最後に，「聞蔵 Digital News Archives for libraries Ⅱ」の記事内容に関する全文検索機能が，昭和59年（1984年）8月以降の記事しか対応していないことである[2]。

　記事の検索は，「入試」と「ミス」をキーワードとした AND 検索を行った。検索当初は，「入試」ではなく，「大学入試」で検索を行ったが，抽出される記事が限定された範囲になってしまったことから，「大学」を取り除くことにした。結果的に，中学や高校の入試に関する記事も抽出されることになったが，当初よりもかなり多くの大学入試に関するミスも同時に抽出された。そのため，個別大学の学部入試[3]に関係しないセンター試験や中学，高校，大学院および専門学校等の入試ミスに関する記事については，目視確認によって手作業で題材対象から外した。また，学部入試においても推薦入学試験や AO 入試を除く，帰国子女選抜，社会人入学試験，編入学試験などの特殊な入学試験は題材対象から外すことにした。

2．指標作成の方針

　まず，指標作成の参考にする資料として，平成16年（2004年）12月20日に文科省が各大学に通達した通知に資料として添付されていた入試ミスの事例及び対応例（参考資料Ⅱ）を利用した。本資料は，毎年，全国各地で実施される「大学入学者選抜・教務関係事項連絡協議会」においても，配布資料として使用されたことがあり，入試ミスの事例概要を把握するために参考になる指標だと思われる。これらの指標を用いて，抽出された記事がどの程度分類できるかを試みたところ，そのままの指標として分類可能のものもあるが，統合した方が良いもの，削除しても構わないもの，新たに作成が必要なものなどが見出された。したがって，抽出された記事が出来る限り多く分類できるように参考指標の再構成を行い，新たな分類指標を作成することにした。なお，新たな指標の作成や指標の統合等は，事象や対応などをカテゴリー化するという手順を踏むために，自由記述の意見を観点別にカテゴリー化した研究（西郡・木村・佐藤・倉元・柳井，2007；西郡・倉元，2007）を参考にした。

第 3 節　結果

　「入試」と「ミス」の AND 検索で機械的に抽出された記事は1720件であった。その中から，個別大学の学部入試に関係しない入試ミスに関する記事を除いた507件について分類指標を作成するための題材記事とした。なお，同じ事例に関して複数の報道（例えば，報道日時や全国紙と地方紙など）がされているものについては，統一して 1 件とみなすことにした。抽出された記事には，大きく分けて「入試ミスの事象・内容」「入試ミスへの対応」「判明契機」という 3 つの情報の柱が挙げられる。したがって，この 3 つの枠組みからみた分類指標を以下に示すことにする。

1．入試ミスの事象・内容に関する分類指標

　入試ミスの事象・内容に関する分類指標は，大きく「Ⅰ．出題関連ミス」，「Ⅱ．試験実施・合格発表手続きミス」，「Ⅲ．合否判定ミス」の 3 つに大別された（表 9 - 1）。なお，該当件数とは，該当した記事の件数のことである。
　「Ⅰ．出題関連ミス」は，出題された試験問題そのものにミスがある事例からなる。本指標は，「1．出題者が意図した正答を導き出せない」「2．単純な誤字・脱字」「3．募集要項で指定した出題範囲を逸脱している」「4．学習指導要領を逸脱している」「5．解答に有利・不利が生じる可能性がある」「6．リスニングテストにおける問題テープの編集ミス」「7．問題冊子に教示ミスがある」「8．解答用紙にミスがある」という 8 つのサブカテゴリーから構成され，該当する記事の件数は346件と最も多い。中でも「1．出題者が意図した正答を導き出せない」という事例件数は243件と大部分を占めており，入試ミスとして一般的に報道されるものには，「正解を導き出せない」「正解が複数ある」「問題文（図や表を含む）」といった事例が多いことを示している。
　「Ⅱ．試験実施・合格発表手続きミス」は，入学試験を実施時における試験監督者や関係職員等による人為的な手続きミスを含むものである。本指標は，「1．問題用紙の配布ミス」「2．回答用紙の回収ミス」「3．試験時間に関するミス」「4．一般的な指示／確認／手続きミス」「5．面接試験に関す

るミス」「6.　合格発表関連手続きミス」「7.　その他」という 7 つのサブカ
テゴリーから構成されており，該当する記事の件数は43件と全記事の一割弱
程度を占める。

　「Ⅲ.　合否判定ミス」は，「出題ミス」「採点ミス」「事務手続きのミス」
「コンピュータの合否判定プログラム設定ミス」などが原因となって，合否
判定に影響を与える事例である。事例によっては，追加合格者を出す場合や
複数年に渡って合否判定を誤っていたなど，社会的影響の程度が相対的に大
きい事例である。該当する記事の件数は118件と全記事の 2 割強を占めてい
る。なお，ここで原因として示した「出題ミス」は，「1.　出題関連ミス」
に含まれる該当件数には含まれない。

表9-1. 入試ミスの事象・内容に関する分類指標

分類指標	該当件数
【Ⅰ．出題関連ミス】 1．出題者が意図した正答を導き出せない 　▶　正解を導き出せない 　▶　正解が複数ある 　▶　問題文（図や表を含む）に誤りがある 　▶　問題文が不十分である 　▶　「出題ミス」とのみ記事に記されているもの	243
2．単純な誤字・脱字	38
3．募集要項で指定した出題範囲を逸脱している	24
4．学習指導要領を逸脱している 　▶　新旧課程の相違によるものを含む	13
5．解答に有利・不利が生じる可能性がある 　▶　漢字の書き取りで解答が他の設問等に存在する 　▶　過去に出題した問題と同じ問題を出題した 　▶　同じ問題冊子に綴じられている他教科にヒントが存在する 　▶　一部の教科書に掲載されている問題を出題	13
6．リスニングテストにおける問題テープの編集ミス	7
7．問題冊子に教示ミスがある 　▶　選択すべき教科の指定など	5
8．解答用紙にミスがある	3
【Ⅱ．試験実施・合格発表手続きミス】 1．問題用紙の配布ミス 　▶　問題冊子の一部に乱丁・落丁 　▶　解答のヒントになるもの（計算過程や正解が記載されたもの）を配布	12
2．回答用紙の回収ミス 　▶　回収漏れ 　▶　回収した回答用紙の紛失	2
3．試験時間に関するミス 　▶　試験開始時間が遅延 　▶　試験時間が規定よりも短くなった 　▶　試験時間が規定よりも長くなった	9
4．一般的な指示／確認／手続きミス	6
5．面接試験に関するミス	3
6．合格発表関連手続きミス 　▶　追加合格に関する連絡 　▶　郵送（連絡）ミス	9
7．その他	2
【Ⅲ．合否判定ミス】 　▶　出題ミスが原因のもの 　▶　採点ミスが原因のもの 　▶　事務手続きのミスによるもの 　▶　コンピュータの合否判定プログラム設定ミス	118

2．入試ミスへの対応に関する分類指標

　入試ミスへの対応は，「1．特別な採点方法を採用」「2．試験時間中に当該箇所を修正」「3．試験時間を延長する」「4．特例措置を実施する」「5．特段の措置は講じない」「6．正規の合格発表手続きをやり直す」「7．記事に対応の記載が無い」「8．その他」のサブカテゴリーから構成される指標である（表9-2）。本指標は，入試ミスの事象・内容に関する分類指標の「I．出題関連ミス」と「II．試験実施・合格発表手続きミス」に該当する全事例389件に記載されていた記事から作成したものでため，「III．合否判定ミス」に該当する事例には適用外である。その理由は，合否判定ミスという事象が，ミスの影響度に応じて，「全員への陳謝（事象説明を含む）」「お詫び金やその他必要経費の補償」「対象者入学後のサポート」「国家賠償」などの対処の組み合わせによって対応がなされ，合否判定ミスにおける任意の一事例に対して，一対一で対応するような入試ミスへの対応指標を作成することが困難であったためである。

　本指標を用いて，「I．出題関連ミス」と「II．試験実施・合格発表手続きミス」の各事例に対する入試ミスの対応をまとめたものが表9-3である。「I．出題関連ミス」の数字〈1～8〉，「II．試験実施・合格発表手続きミス」の数字〈1～7〉は，表9-1における該当部分の各指標の数値を示しており，「入試ミスへの対応」の数字〈1～8〉は表9-2の各指標の数値を示している。最も入試ミスの事例として多かった「1．出題者が意図した正答を導き出せない」の対応は，「受験生全員を正解にする」「該当する正答全てを正解とする」などを含む「特別な採点方法を採用する」であった。その他については，規模や程度といった状況および発生した大学によって様々であった。

表9-2. 入試ミスへの対応に関する分類指標

分類指標	該当件数
1．特別な採点方法を採用 　　▶　受験生全員を正解とする 　　▶　該当する正答全てを正解とする 　　▶　採点対象から該当問題を外す 　　▶　配点を変更する 　　▶　得点調整を行う 　　▶　回収漏れの回答を満点にする 　　▶　関連する問題に加点する	294
2．試験時間中に当該箇所を修正	19
3．試験時間を延長する	9
4．特別措置を実施する 　　▶　出題内容を変更してやり直す 　　▶　再テストを実施 　　▶　合格者数を増やす 　　▶　試験開始時間の調整	13
5．特段の措置は講じない	33
6．正規の合格発表手続きをやり直す	4
7．記事に対応の記載が無い	14
8．その他	3

表9-3. 各事例に対する入試ミスへの対応

		I．出題関連ミス								II．試験実施・合格発表手続きミス						
		1	2	3	4	5	6	7	8	1	2	3	4	5	6	7
入試ミスへの対応	1	215	11	20	13	11	4	4	2	3	2	4	5			
	2	9	7	1				1				1				
	3	1	3			1					1	1				1
	4	1		1						6		1		2	2	
	5	9	15	2		2	2		1	1			1			
	6														4	
	7	8	2									1			3	
	8									1		1				1

（数値は，該当する記事の件数）

3．入試ミスへの判明契機に関する分類指標

　入試ミスが判明する契機は，「1．外部（予備校／塾／出版社／高校教師など）からの指摘」が67件，「2．受験生（保護者を含む）からの指摘」が50件，「3．大学内の自主点検及び試験監督からの指摘」が41件，「4．採点中に発見」が26件，「5．記事に記載なし」が323件であった。「5．記事に記載なし」が最も多いことから3つの情報の柱に挙げるのは不十分だとも考えられるが，判明契機は，判明時期とも関係が有り，合否判定ミスという重大な問題に直結する。特に，新年度開始後に追加合格者が出る場合には，その影響が大きいことが予想されるため，入試ミスの判明契機は重要な指標であると考えられる。

第4節　まとめ

　本稿では，一般的に「入試ミス」と括られる事象について分類指標を作成した。この分類指標が，どのように有効活用されることが望ましいかについて触れたい。冒頭でも示したように「入試の品質」を一定以上保つためには，「入試ミス」を出来る限り抑制する必要がある。しかしながら，文科省も入試ミスの事例などを提示して，出題・合否判定ミスの再発防止について注意喚起を促してはいるものの入試ミス発生件数が減少には転じる様子はみられない[4]。これは，「入試ミス」の発生自体を完全に抑えきることの難しさを示しているといえるだろう。その一因として，選抜方法の多様化やその手続きの煩雑さが考えられるわけだが，「入試ミス」を抑制するためだけに，選抜方法や評価方法の多様化の趨勢を覆すことは現実的ではない。となれば，こうした多様化の趨勢を前提とした入試ミス抑制の努力が必要となるだろう。そう考えたとき，何が大学や社会にとって深刻な入試ミスとなるのか，また，何が深刻でない見過ごせる程度のミスなのかといった入試ミスによる影響度の検討といった発展的な研究が期待される。その先行研究として，本分類指標は重要な枠組みになることが考えられる。特に，追加合格者が発生するような「合否判定ミス」に関する事例は，その他の入試ミスに比して影響度が大きい[5]。本稿では，「合否判定ミス」に関する影響度を分類するための具

体的な指標こそ明示していないが，入試ミスの「判明時期」や「複数年度」にわたる追加合格者の発生，また，入試ミスの「隠蔽疑惑」などは，入試ミスの影響度を十分に検討すべき観点であり，影響度分類を行う上で重要なキーワードになることを指摘できる。これらの知見が今後の研究で発展的に活用されることを期待したい。

謝　辞

本資料を作成するにあたり，貴重な資料とアドバイスを頂いた東北大学入試課の菊田智氏に深く感謝いたします。

文　献

古沢 由紀子（2001）．大学サバイバル 再生への選択　集英社新書
文部科学省（2004）．大学入学者選抜における出題・合否判定ミス等の再発防止について（通知），16高大振第77号，平成16年12月20日．
文部科学省（2006）．「大学入学者選抜における出題・合否判定ミス等の再発防止について（通知）」，18高大振第68号，平成18年12月27日．
西郡 大・木村 拓也・佐藤 洋之・倉元 直樹・柳井 晴夫（2007）．学習意欲・学力低下に関する大学教員の自由記述分析――204年の国公私立大学における教員調査をもとに――　大学入試研究ジャーナル，**17**，p.21-28.
西郡 大・倉元 直樹（2007）．日本の大学入試をめぐる社会心理学的公正研究の試み「AO 入試」に関する分析　日本テスト学会誌，**3**，pp.147-160.

注

1 ）参考資料Ⅰ・Ⅱは，東北大学の入試課が所有している資料を許可のもと拝借し，筆者がそれらの資料を忠実に電子ファイルとしてリライトしたものである。なお，関係者の押印や電話番号等の情報は，掲載しないように編集した。
2 ）昭和59年（1984年）8 月以前の記事は，見出しや主要キーワードを対象にしか検索しかできない。
3 ）本資料で対象とする大学は短期大学も含む。文科省のホームページに文部科学省関係リンク集（http:/www.mext.go.jp/b_menu/1ink/main_b12.htm）としてリンクされている「国立大学」「公立大学」「国公私立短期大学」「私立大学」にないものは対象から外した。
4 ）文科省が平成20年 3 月10日に，事務連絡として国公立大学入試担当課長宛に通知した「平成20年度国公立大学入学者選抜個別学力検査における出題・実施ミスについて」には，「本年度は例年と比較し，入試ミスが多い状況となっております」と記載されている。
5 ）平成16年12月20日に文科省が各大学に通達した通知に資料として添付されていた「大学入試でのミス年度別一覧」でも追加合格を出したミスの件数は，特別に集計

されている。

18高大振第68号
平成18年12月27日

各国公私立大学長　殿

文部科学省高等教育局大学振興課長
中岡　司

（印影印刷）

大学入学者選抜における出題・合否判定ミス等の再発防止について（通知）

　本件については，平成18年5月29日付け18文科高第124号「平成19年度大学入学者選抜実施要項について（通知）」及び平成17年12月20日付け17高大振第87号「大学入学者選抜における出題・合否判定ミス等の再発防止について（通知）」で周知しているところでありますが，学部における入試ミスだけでなく，大学院における入試ミス，募集要項の作成段階でのミス，追加合格における手続きミス等，ミスの態様・件数とも増加してきている状況であり，非常に遺憾なことであります。

　ついては，平成19年度一般入学者選抜試験を目前に控え，貴大学におかれては，改めて以下の点に特に留意し，出題・合否判定ミス等がないよう万全を期すようお願いいたします。

　なお，入試ミスが生じた場合には，別途入試ミス報告事項例を参考に速やかに当課大学入試室に連絡されますよう併せてお願いいたします。

記

1．入試業務のプロセス全体を把握した上で，ミスを防止するためのガイドラインを作成すること等により，入試業務全体のチェック体制を確立すること。
　　　また，入学者選抜に関わる者の責務を明確にし，責任をもって入試業務を行うよう注意を喚起すること。
2．教員，事務職員等関係者が一体となり，緊急時の対応における迅速性及び公平性の確保を含めた円滑な試験実施・伝達体制の確立に努めること。
3．試験問題の点検については，試験実施直前に点検するだけでなく，試験開始後においては特に速やかに，作題者以外の者も含めて，二重三重に点検を行うこと等により，ミスの防止及び早期発見に努めること。なお，問題の文面だけでなく，問題の内容についても正答が導き出せるか確認すること。
4．採点業務については，コンピュータプログラムのチェックを含め，試験開始前及び試験開始後において，点検・確認し，万全を期すこと。
5．追加合格者決定については，その決定手続きに関するマニュアルを作成する等，実施体制，決定手続を明確にし，公正な実施に努めること。
6．各担当毎の業務は必ず複数人で行い，相互に確認する体制を確立すること。

担当：大学振興課大学入試室
電話：（代）■■■■■（内線■■■）

別　　紙

入試ミス報告事例

1．概　要

- （ア）　選抜区分，試験実施日及び合格発表日
- （イ）　試験科目名（必須，選択）
- （ウ）　選抜方法
- （エ）　当該選抜区分の募集人員及びミス科目の受験者数（選択科目の場合，全体の受験者数等）
- （オ）　ミスの内容
- （カ）　ミスの発見状況（発見者，発見日時等）

【以下，出題ミスの場合】
- （キ）　当該問題の抜粋
- （ク）　当該問題の配点（配点／満点）

2．対策等

- （ケ）　ミスが起こった原因（作成時のチェック体制，試験実施体制等）
- （コ）　当該ミスへの対応（選択科目の場合，他の選択科目名及び科目間における得点調整の有無等）
- （サ）　受験生への周知方法
- （シ）　記者発表の有無

3．再発防止対策等（後日）

- （ス）　チェック体制の見直し（新旧比較等）
- （セ）　関係者の処分の有無（処分がある場合，処分内容等）

平成17年度入試ミスの事例及び対応例

Ⅰ．入試ミスの例

【出題・採点ミス】
1　正解を導き出せない。
2　正解が複数ある。
3　学習指導要領を逸脱している。
4　出題範囲を逸脱している。
5　誤字・脱字がある。
6　問題文に誤記がある。
7　漢字の書き取りにおいて，解答が他の設問等に出ている。

【試験実施ミス】
1　放送設備の動作不良により，試験中に音声が中断した。
2　問題冊子の一部に乱丁があった。
3　試験中に火災報知機の誤作動により警報が鳴った。
4　回答用紙の回収漏れがあった。
5　試験開始時間が遅れた。

Ⅱ．ミスへの対応例

【出題・採点ミス】
1　受験生全員を正解とする。
2　複数の解答を正解とする。
3　試験時間を延長する。
4　特段の措置を講じない。

【試験実施ミス】
1　試験時間を延長する。
2　回収漏れした回答用紙分を満点とする。
3　特段の措置を講じない。

Ⅲ．合否判定時の対応例（出題ミスが選択科目だった場合）

1　加点前の素点により合否判定したのち，該当者に加点し合格点に達する者を更に合格とする。
2　加点した後に選択科目間の平均点を比較し，一定の格差が生じた場合に得点調整を行った後に合否判定。
3　単純加点により合否判定。

第章

新聞記事からみた「入試ミス」のパターンと
その影響の検討[1]

佐賀大学アドミッションセンター　教授　西郡　大

東北大学高度教養教育・学生支援機構　教授　倉元　直樹

第1節　問題と目的

　米国の社会学者である Trow, M.A. は，高等教育への進学者が50％を超えることを「ユニバーサル段階」と呼び，進学者の多様化に応じて選抜方法も多様化が進むことを30年以上も前に予想している[1)]。近年，わが国の進学率は50％を超え，「ユニバーサル段階」へ突入した。わが国の高等教育においても，Trow の予測は現実のものとなった。現在，各大学の募集要項を概観すると，国公私立を問わず，学力検査を主とする一般入試に加えて推薦入試，AO入試，帰国子女入試，社会人入試などの多様な選抜区分が設けられている。さらに，選抜方法においても，小論文，面接試験等を筆頭に，学力検査によらない多様な選抜方法が考案されている。評価方法の実質的な部分まで掘り下げて見れば，その全貌を把握するのは至難の業である。

　大学入試の多様化の背景には，文部科学省（以下，「文科省」と略記）が推し進めてきた「選抜方法の多様化，評価尺度の多元化」政策があるのは言うまでもない。選抜方法や評価方法が多様化することが原因で生じる懸念が存在する。その1つが，「入試ミス」の発生である。一般論として，手続きが複雑になるにつれて，ミスが生じる危険性が増大することは明白である。実施者側は，ミスを抑えるために何重ものチェックを繰り返し細心の注意を

1　本章は「東北大学高等教育開発推進センター紀要」第4号に同一のタイトルで執筆された論文を再録したものである（倉元・西郡，2009，文献リストは第3部・Introduction「『実学』としての大学入試研究」末尾に記載）。原文には和文要旨，英文要旨が掲載されていたが，本章では省略した。著者の執筆当時の所属・身分は「佐賀大学アドミッションセンター・准教授（西郡），東北大学高等教育開発推進センター・准教授（倉元）」。

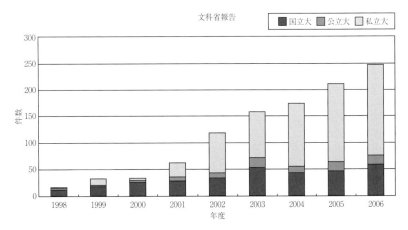

図10- 1． 入試ミスの文科省への報告数の推移

払いながら，毎年の入試実務を遂行している。しかし，手続きが複雑化すればするほど，不可避的に注意が及ばない部分が多くなる。図10-1は，1997年から2005年において各大学が文科省に報告した「入試ミス」の件数について，その経年変化を示したものである。2001年以降，急激に報告数が伸びていることが分かる。

　公に認知される入試ミスが増加するきっかけとなったのは，2001年にある大学で生じた事例が社会的に大きく問題視されたことに由来すると思われる。当該の事案が結果的に大きな波紋を引き起こしたことを受け，各大学の入試関連手続きの見直し，および，「入試ミス」発生に伴う報告の徹底が文科省によって推進されることとなった。また，近年の情報公開の趨勢による受験者の成績開示や試験問題の配点や正解の公表などを実施する大学の増加に伴い[2]，それまで潜在的に隠れていた可能性がある手続きの瑕疵が「入試ミス」として認知され，指摘される機会が増えたことも間接的な要因と考えられる。しかし，同時に，選抜方法や評価方法の多様化に伴い，入試関連手続きが煩雑化したことも入試ミスの発生確率自体を高める潜在的要因として機能してきたことは疑いのない事実と思われるのである。

　入試を実施する上で，選抜手続きに公正性，厳格性を確保しなければならないことは言うまでもない。換言すれば，ミスのない入試は「入試の品質」

の極めて重要な側面を保証するものと言える。その意味で，例年，入試シーズンに出題ミスや合否判定ミスなどの「入試ミス」がマスコミによって報道されることは，大学の「入試の品質」に疑いの目が向けられることである。「入試の品質」は「適切な選抜資料を的確に用いて合理的な能力の判定を行い，できるだけ早く受験当事者に納得のいく合否判定結果を返す」という入試のプロセス全体の問題なので，「ミスがない入試＝質の高い入試」ということではない。しかし，ミスは見えやすく，誰にも分かりやすい。したがって，重大なミスはもちろん，単純なミスでも連続して発生すれば，大学のイメージが損なわれる結果となる。特に，各大学が生き残りに鎬を削る「大学全入時代」と称される時代において，「入試ミス」が生じることは，大学経営にとって致命的なダメージになることも考えられる。

　入試の手続きそのものが多様化し，複雑化していることを考慮すると，生じるミスの内容にも様々なものがあると考えられる。また，そこから派生する問題の大きさも些細なものから重大なものまで多種多様であると予想される。すなわち，単に「入試ミス」として一括りに議論することはできない状況となっている。以上の点を踏まえ，西郡（2008）[3]は，一概に「入試ミス」と括られるものに，具体的にどのような事例があり，それぞれのミスがどのような特徴を持つのか，新聞報道された記事を利用して入試ミスの分類指標を作成した。本研究では，西郡（前掲書）の指標を用いて「入試ミス」による当事者への影響や大学への損害も含めた社会的影響を吟味し，個別大学の入試の設計，運営における入試ミスに対する対策について検討を行う。また，仮に入試ミスが生じた場合でも，どのような対応を行えば，受験当事者に受け入れられるのかという観点からも検討を行うこととした。

第2節　方法

1．題材とする記事の抽出

　本研究では，西郡（前掲書）で題材とした新聞記事を用いて分析を行った。記事の抽出方法は以下の通りである。なお，詳細は西郡（前掲書）を参照のこと。本研究では朝日新聞の記事検索システム「聞蔵 Digital News Archives for Libraries Ⅱ」を利用して記事を抽出した[4]。対象期間は平成2年（1990年）1月1日から平成19年（2007年）12月31日までである。個別大学の学部入試に関係しないセンター試験や中学，高校，大学院および専門学校等の入試ミスに関する記事については題材対象から外した。また，学部入試の中でも，一般入試，推薦入試やAO入試を対象とし，帰国子女選抜，社会人入学試験，編入学試験など，想定している受験者層が最初から通常と異なる入試区分は外すことにした。

2．影響の程度を判断する指標

　西郡（前掲書）は，「合否判定」に関するミスが特に大きなダメージをもたらすことを指摘した。本研究ではこの点を踏まえ，「合否判定ミス」という分類カテゴリーを基盤に，「判明時期」，「追加合格者の有無」，「影響年度」，「隠蔽疑惑」という4つの観点から入試ミスがもたらす影響に関するパターン表を作成した。なお，これら4つの指標を「影響力指標」と呼ぶことにする。

第3節　結果

1．パターン表

　本研究で用いた影響力指標は，「有」，「無」2通りの状況を持つ4種類の観点からなる。全てのパターンを示すと16通りになる。表10-1は，パターンの数字が若くなるにつれて，影響が大きくなるように作成したものである。題材とする記事がどのパターンに当てはまるかを評定した結果，実際に当てはまる事例が存在するパターンは，「1」，「2」，「4」，「8」，「12」，「16」の6パターンに限定された[5]。そこで，本研究では，以後，この6つのパターンのみに注目する。以下に，該当する各パターンの特徴を示す。

表10-1．入試ミスの種類と影響に関するパターン分類

原因	判明時期	追加合格者	影響年度	隠蔽疑惑	件数	パターン
・出題ミス ・採点ミス ・事務手続きミス ・コンピュータプログラム設定ミス 　　　　　　　　　など	入学後	有	複数年度	有	2	①
				無	9	②
			単年度	有	—	3
				無	64	④
		無	複数年度	有	—	5
				無	—	6
			単年度	有	—	7
				無	17	⑧
	入学前	有	複数年度	有	—	9
				無	—	10
			単年度	有	—	11
				無	26	⑫
		無	複数年度	有	—	13
				無	—	14
			単年度	有	—	15
				無	389	⑯

2．各パターンの特徴

【パターン1】

　パターン1は，入試ミスが新年度開始後[6)]に判明し，複数年に渡って追加合格者を出すという最悪の事態を招いたミスに加えて，その事実を隠蔽（疑惑も含む）していたケースである。該当する事例は2件存在していた。設置者別の内訳は，国立大が1件，公立大が1件であった。ミスの原因は，「コンピュータプログラム設定ミス」（1件），「事務手続きミス」（1件）であった。前者は，「隠蔽が判明した」ケースであり，後者は「隠蔽ではないかと疑惑が持たれた」ケースである。ここでは，社会的影響が大きかった前者の事例についての概要とその影響について記述する。

　当該の入試ミスは平成13年（2001年）に判明したもので，地方国立大学（X大学）のある学部で生じたものである。採点コンピュータプログラムの設定ミスにより，平成9年度（1997年度）と平成10年度（1998年度）入試に

おいて，本来合格のはずだった16名の受験者を誤って不合格にしていたという事例である。ミスは平成11年度（1999年度）入試の採点時に判明していたにも関わらず，当時の一部分の関係者の判断により，平成13年（2001年）まで事実が隠蔽されていた，と報道された。入試ミスが明らかになった契機は，直前に判明した他の国立Y大学の大規模な入試ミス，文科省への匿名の投書などの各種の要因が重なったことによる。隠しきれないと判断して公表せざるを得なくなった，とされている。結果的にこのケースは大きな問題へと発展してしまった。この事例に対して大学が取った対応と大学が受けたダメージは以下のように要約できる。

　X大学では，入試ミスの判明後，誤って不合格とされた16人全員に対して直ちに合格通知と謝罪文を郵送した。さらに，後日，入試に関わった教員が直接，受験者の下を訪れ，個別の謝罪を行った。その際，一律20万円のお詫び金が支払われている。入学の意思がある者については，他大学の入学金や予備校の授業料などの経費が国家賠償や大学内での基金の設立により補償された。さらに，入学後には特別授業などの対応が行われた。また，大学進学をあきらめて，高校ないし短大や専門学校を卒業した後に就職した者には，本人の学歴と大卒者の生涯賃金との差額の一部などが補償の対象となった。大学では在学生の就職活動で風評被害が生じることを懸念し，求人を寄せている県内外の約1,500社に「配慮」を求めた文書を郵送している。

　学内の責任問題では，新しく選出された学長がわずか数ヶ月で辞任することとなった。その他，入試ミスに関与したとされる教員も十数名が懲戒処分を受けた。さらに，大学が機関として受けたダメージも大きなものであった。文科省は平成13年度（2001年度）の「教育改善推進費（学長裁量経費）」を7,600万円の大幅削減とした。その大部分を占めていたのは，前年度6,700万円獲得していた「プロジェクト経費」[7]の部分である。同年には，他の複数の国立大学でも合否判定に関わる同じような入試ミスが発覚していたにも関わらず，X大学だけが当該経費をゼロ査定とされるペナルティを受ける結果となった。その理由は，「X大は入試ミスを隠蔽していた。他の2大学とは状況が違う」（同省大学課の担当者）というコメントにも見られるように，隠蔽の事実が決め手となった。

　パターン1は，入試ミスの内容そのものが，それによって生じうる最悪の

結果を引き起こすケースであることに加えて，そのミスを隠蔽するという恣意的な操作までが加わっていたことが特徴である。隠蔽の発覚によって，受験者にも大学にも甚大な被害と損失をもたらしたケースである。

【パターン2】

　パターン2も，入試ミスが新年度開始後に判明し，複数年に渡り，追加合格者を出すという最悪の被害が生じたケースである。ただし，隠蔽の事実が見られなかったという点において，パターン1とは異なっている。該当する事例は9件あり，その内訳は，国立大が4件，公立大が3件，私立大が2件である。ミスの原因は，「事務手続きミス」（4件），「コンピュータプログラム設定ミス」（5件）であった。大学にもたらされたダメージの程度は，追加合格者数，影響年数などによって様々である。ここでは，パターン2に分類された9件の中から，他大学にも大きな影響を与えるなど，社会的に波紋が生じたケースとして，平成13年（2001年）に生じた地方国立Y大学のケースについてその概要を示す。

　Y大学の入試ミスが判明した経緯には，情報開示の動きが重要な役割を担った。当該年度より実施された入試情報の開示制度によって自分の得点を知ったある受験者から，「奇数になるはずのない得点が奇数であったのはなぜか」という問い合わせがあった。それがきっかけとなり，入試ミスが判明したのである。大学側が，残っていた5年分の資料を再点検したところ，合格判定プログラムに設定ミスを発見した。その結果，本来は合格していたにもかかわらず誤って不合格と判定されていた者が，5年間で428人にものぼった。本研究で収集した入試ミスの事例の中では，影響を受けた人数の上で最大規模となったケースである。

　大学側の対応は，お詫び金の額が一律10万円と異なっているものの，大筋でパターン1に見られたX大学の対応とほぼ同じであった。ただし，5年間という長期にわたる影響に対するものであったため，「一律補償」に疑問の声が上がっていたことも事実である。学内の責任問題では，学長，副学長，学部長が辞任，その他の教員ら100名以上が何らかの処分を受けた。研究費に関しては，「教育改善推進費（学長裁量経費）」に対して4,000万の大幅削減があったが，パターン1のX大学とは異なり「プロジェクト経費」がゼロ査定となることはなかった。その理由は，前述した通り，隠蔽の事実が見

られなかったことによる。

　パターン2は，パターン1と並んで入試ミスの中でも「合否判定ミス」という最もクリティカルな部分において，考えうる最悪の状況を導くパターンである。特に，影響を及ぼす年度が長期間になるほど，影響の程度や規模も大きくなる。ただし，ミスの隠蔽など恣意性な操作が介在することはない。確認ミスや手続きミスによる偶発的に生じたものにだけに限定されることが，パターン1と異なっている。

【パターン4】

　パターン4は，入試ミスが新年度開始後に判明し，追加合格者を出すケースである。その影響年数は当該年度のみである。該当する事例も64件と相対的に多く，その内訳は，国立大が9件，公立大が4件，私立大が51件である。ミスの内容は「出題ミス」（44件），「採点ミス」（13件），「事務手続きミス」（5件），「コンピュータプログラム設定ミス」（2件）などが挙げられる。

　出題ミスや採点ミスは，予備校や学習塾，受験関連出版社などの指摘から判明することが多い。新年度である4月から推薦入試が始まる11月頃にかけて判明することが多いのが特徴的である。

　パターン4は，影響の大きさという点からみれば，パターン2には及ばないものの，それに次ぐ大きなミスである。特に，試験問題の公開，成績開示などを行っている大学であれば，外部からの指摘によって判明する可能性も高い。生起頻度が高く，かつ，影響の大きい入試ミスのパターンである。

　追加合格となった受験者への対応は，基本的に全員への謝罪，お詫び金，他大学の入学金や予備校の授業料の補償など，基本的にパターン1，および，パターン2と同じである。法人化以前の国立大の場合には，国家賠償も発生している。

　一方，ミスが原因で不合格と判定された受験者が入学する際の具体的対応として，他大学との単位互換や編入学など，様々な手続きが用いられている。ミスが判明した時期が翌年度の入試時期に近い場合には，無試験で翌年度の入学を許可するケースも散見される。本パターンにおいても，影響を受けた受験者の人数など，個別の状況に応じて大学関係者は処分を受けている。なお，「教育改善推進費（学長裁量経費）」の削減等，機関としての大学に対するペナルティに関する記事は見られなかった。

【パターン8】

　パターン8は，入試ミスが新年度開始後に判明し，その影響年数が当該年度のみであり，追加合格者を出さなかったケースである。ミスの原因には，「出題ミス」（14件），「採点ミス」（2件），「コンピュータプログラム設定ミス」（1件）などが挙げられる。該当した事例は17件であり，その内訳は，国立大が7件，公立大が1件，私立大が9件である。パターン4と同様に，予備校や学習塾，受験関連出版社などの指摘によって新年度開始後に判明することが多い。しかし，決定的に異なるのは再採点を行っても追加合格者が出ていない点である。仮に，パターン4のように追加合格者が発生すれば先述のような対応が必要となるが，パターン8のケースでは事実事項を公表することのみで一応の問題解決に至っているように読み取れる。該当記事にも，大学内での処分に言及した内容はみられなかった。

　入試ミスへの対応という視点からみれば，パターン8は，次のパターン12よりも影響が小さいように見える。しかし，パターン8がパターン4へ陥る可能性は高い。すなわち，両者を隔てる要因は合否のボーダーラインに固まる受験者数や修正される点数の程度である。その違いは紙一重であり，偶然性や運に左右される。そういう意味では，潜在的なリスクが高いパターンである。

【パターン12】

　パターン12は，合格発表後，新年度開始前というタイミングで入試ミスが判明し，追加合格者を出すケースである。該当する事例は26件であり，その内訳は，国立大が3件，公立大が2件，私立大が21件である。ミスの原因は，「出題ミス」（18件），「採点ミス」（2件），「事務手続きミス」（3件），「コンピュータプログラム設定ミス」（3件）などが挙げられる。

　新年度の入学式前にミスが判明するため，追加合格者に対して，新年度に間に合うように対応ができることがこのパターンの特徴である。もちろん，入学の意思がある者に対しては，既に支払った他大学の入学金や予備校の授業料に対する補償は発生するが，追加合格者が新年度からの大学生活を遅滞なく始められる点で，パターン1，2，4に比べてミスの影響を最小限に抑えることができ，効果的に対応できる可能性が高い。

【パターン16】

　パターン16は，判明時期が新年度開始前であり，追加合格者も出さない
ケースである。入試ミスの中では，このパターンに当てはまる事例が389件
と最も多く，「入試ミス」として報道されるもののほとんどがこのパターン
に当てはまる。その内訳は，国立大が173件，公立大が94件，私立大が122件
である。原因は，「出題関連ミス」，「試験実施・合格発表手続きのミス」の
2つに大別される。具体的にどのようなミスがこれら2つのパターンに含ま
れるのかという点については，西郡（前掲書）を参照されたい。

第4節　考察

　本研究では，一般的に「入試ミス」として報道される事例について，「判
明時期」，「追加合格者の有無」，「影響年度」，「隠蔽疑惑」という4つの観点
（影響力指標）を用いて入試ミスがもたらす影響の大きさに関する分析を
行った。その結果，これまで実際に生じたことがある入試ミスの事例は，生
じうる全16パターンのうち，「1」，「2」，「4」，「8」，「12」，「16」という
6パターンに限定されることを見出した。本節では，これらのパターンに応
じて個人的，社会的影響の大きさが一定の秩序で順序性を持つ理由に，どの
ような要因や人々の認知が作用しているのか分析し，受験当事者の心理的側
面に配慮した入試関連手続きのあり方について考察を加える。

　一般に，入試の実施，その他関連手続きが不公正もしくは不正確に行われ
たという疑いがかけられている場合，そのような入試を積極的に受験したい
とは考えないだろう。逆に言えば，多くの受験者は，当然のように入試関連
の手続きが公正かつ正確に行われることを前提として受験に臨んでいる。公
正かつ正確な手続きが保証されていない状態，つまり，受験当事者の目から
見て「入試の品質」の表れとして分かりやすい手続きに対して，疑義が喚起
された状態では「入試ミス」に対する見方が厳しくなり，ミスへの対応に対
する許容度も低くなると言える。それでは，どのような基準や要因が介在し
て，人々が手続きに対する不満を抱くのであろうか。

　人々の公正判断や公正認知を実証的に明らかにしてきた社会心理学の分野

では，手続きに対する公正さは「手続き的公正」と呼ばれている。特に，その概念の中でも Leventhal（1980）[8]が提唱した 6 つの「手続き的公正の基準（procedural rule）」はよく知られている（表10-2）。本研究でも，この 6 つの基準を踏まえ，影響の大きさから見た入試ミスのパターンについて考察する。

まず，多くの人々から公正であると認識される手続きは 6 つの基準が全て満たされていると考えられる。そのため，受験者一人ひとりが実際どのように認知しているのかはさておき，大学側が実施する通常の入試に関する手続きは，建前としては 6 つの基準を全て満たされるように設計され，遂行されることが必要となる。入試ミスは，6 つの基準のどれかが侵害されることによって生じる，手続きの公正さが侵害された状態だとみることができる。

西郡（前掲書）の分類結果では，入試ミスの中でも最も頻度が高い出題ミスは，「出題者が意図した回答を導き出せない」，「出題範囲を逸脱している」，「誤字・脱字がある」など，その実質的な内容が多岐に渡るものの，共通した問題点がある。それは，手続きの「一貫性」の欠如や情報の「正確さ」に欠けたものと解釈できる。また，採点基準が曖昧であったり，採点ミス，さらには，試験実施上のミスなどについても同様のことが言えるだろう。つまり，出題ミスや採点ミスの根底には，公正基準の「一貫性」と「正確さ」の欠落が指摘できるのである。大学側は，「全員を正解にする」，「配点を変更する」など，特別な採点方法を採用したり，試験時間を延長するなどして，出題ミスに対する対応策を講じるのが一般的である。入試ミスへのこうした対応は，「一貫性」，「正確性」の基準を満たす状態を再び回復するように動

表10-2．手続き的公正の基準　林（2007）より抜粋[9]

基準	内容
一貫性（consistency）	時間や対象者を越えて，一貫した手続きが適用される
偏りの無さ（bias suppression）	個人的利害や思想的先入観が抑制されている
正確さ（accuracy）	正確な情報を基盤として決定が下されている
修正可能性（correctability）	再審理の機会がある
代表性（representativeness）	すべての関係者の利害関心や価値観が反映されている
倫理性（ethicality）	基本道徳や倫理に反しない

機付けられたものと解釈できる。入試ミスに対する受験当事者の不安や不満も，上記2つの基準のどちらかもしくは両方が欠落したために生じたものだと理解できる。

　判明時期が新年度開始以降で，かつ，追加合格者が生じるパターン，表10-1の分類における「4」，「2」，「1」のパターンは，少々様相が異なる。これら3つのパターンに共通することは，既に新年度が開始されてしまった，という時間的条件が付加され，追加合格者に対する対応が難しくなっていることである。入試ミスが判明した時点で，既に追加合格者は他大学や他学部に入学していたり，予備校に通っていることが多い。すなわち，入試ミスが直接的な原因となって進路が変わってしまっていることが多いのである。影響が及んだ受験者のほとんどは，物理的な面でも精神的な面でも新年度からの新たな生活に適応しようと既に行動を開始している状態である。こうした状況で「実は合格していました」と突然の合格通知を受け取っても，非常に困惑することが予想できる。現に，入学について態度を保留する対象者が多かったことが報道されている。ここにも Leventhal（前掲書）の基準に基づく人々の公正知覚の問題が生じていることが指摘できる。それは「やり直しの可能性」を示す「修正可能性」からの解釈である。たとえ，追加合格者という形であったとしても新年度開始前に合格通知を手にしてさえいれば，物理的にも精神面でも切り替えが可能である。しかし，すでに新年度が開始されてしまった後という状況になると，やり直し（修正）に対するコストが非常に大きくなる。もちろん，影響範囲が複数年に渡っている場合には「修正」がさらに困難となることは言うまでもない。パターン4よりもパターン2やパターン1の方が，影響が大きいゆえんである。

　以上のことから，パターンの「4」，「2」，「1」は，入試ミスによって，「一貫性」と「正確さ」が侵害された上に，さらに「修正可能性」までが侵害されているため，受験当事者の不安や不満がさらに高じる状況をもたらしたと考えられる。

　ところで，最も深刻なパターンは「1」であった。その特徴は，入試ミスにより不利益をこうむった受験者が生じていたにも関わらず，隠蔽工作を行った，もしくは，隠蔽の疑惑が浮上した，ということである。一般に，大きな問題であればあるほど，その事実を正直に公表することが道義とされて

いる。大学入試のように受験者の人生が左右されかねない「ハイステークス」な局面であれば，ミスの隠蔽に対する批判は厳しい。入試ミスに関する事実の公表は，責任者が自分の意思で行うことができる対処である。その意味で，隠蔽は責任者の意思に帰属するとみなされる。受験当事者は言うまでもなく，基本的に影響を受けることのない一般の人々からも厳しく指弾される理由も，基本的な道徳を裏切る行為と考えられるからであろう。公正基準から見れば，「倫理性」が欠如したために生じた判断と解釈できるだろう。パターン1は，隠蔽さえなければ，パターン2と全く同じである。たしかに深刻なケースであるが，倫理的な問題とみなされることはない。隠蔽によって責任者の倫理性が問われることで，最悪の事態を招いたパターンである。

　以上が入試ミスによって侵害されたと考えられる公正基準である。なお，残りの「代表性」と「偏りの無さ」という基準は，入試ミスの問題には無関係のように思われる。むしろ，この2つの基準は，「それが満たされていなければ，入試そのものが成り立たない」入試設計の問題であろう。「代表性」の担保には，合否判定の基準や手続きの設計が受験者の価値観を反映していることが必要である。そのため，より多くの受験者の価値観を反映させた入試手続きが担保された設計になっていなければ受験者は集まらない。さらに，たとえ自分の希望が満たされずに不合格という判定結果を受け取ったとしても，納得できるものでなければならないのである。次に，個人的利害や思想的先入観の抑制という「偏りの無さ」が満たされない状況には，思想信条による差別，裏金やコネクションによる裏口入学といった事態が考えられる。ミスによって生じうる事態ではなく，明らかに意図的な不正であり，根本的に入試という制度自体が成立していない状態とみなされる。「代表性」，「偏りの無さ」という2つの基準は，入試の存立基盤を支える構造に関係するものであるため，「ミス」と関連付けるのは難しい。

　以上のように，各パターンを手続き的公正における公正基準の観点から考察してきたが，同じパターンに分類されたケースでも，社会的影響が異なる事例もある。その要因を本研究の結果から一様に規定することは難しいが，記事にされる頻度やその内容からある程度の推測は可能と考える。

　まず，ミスの影響を受けた人数やミスが及んだ年数は，その影響の大きさを示すには分かりやすい指標であろう。影響を受けた受験者の数が多ければ，

影響も大きく，影響が複数年に及べば，年数が多いほど影響は大きい。一方，それ以外の要因として考えられるのがミスを犯した大学の設置形態である。入試ミスの発生は，国公私立といった設置形態の種別を問わずに生じているが，同じようなパターン，同じような規模のミスでも，私立大学よりも国公立大学への風当たりが強いと感じられる。その原因として，国公立大学を第一志望とする受験者が多く，追加合格者が生じたときに及ぶ影響が大きいということが挙げられる。さらに，法人化以前には私立大学とは異なり，補償規模によっては国家賠償にまで発展する可能性があったために当事者以外の社会的な注目も集めてしまい，結果的に大きな記事として扱われてしまったと考えられる。ただし，これらは報道された新聞記事から見出せる限定的な考察である。実際にトラブルが生じた場合，現在では，大学はすべからく自己資金で補償を賄わねばならず，入試ミスによって大学イメージが致命的に低下した場合には，大学経営に直接的な影響を及ぼしかねない。そう考えた場合，個別大学における本当の意味での影響の大きさを示すことは，本研究だけの資料からは難しいと言える。しかし，入試ミスの社会的影響の全体像を検討するという本研究の主旨からすれば，限定された情報とは言え，新聞記事を題材に得られたこれらの知見は十分に有効ではなかろうかと思われる。

第5節 「入試の品質維持」に向けて

　本研究の知見を基に，入試の策定や運営において入試ミスの認識やその対応をどのように位置づける必要があるのかを議論することで，「入試の品質維持」について考えてみたい。

　一般的に，入試業務に限らず煩雑な手続きが発生する業務や手順を考えたとき，ミスの発生を完全に抑えることは非常に難しい。顧客へ提供する商品およびサービスの向上を目指す企業等では，可能な限りミスを0に近づけるために，QC（QC：Quality Control）活動などを通して，品質向上に向けた努力がなされてきた。もちろん，大学入試においても，受験者のことを考えれば，入試に関するミスは0に近づけるような努力が必要である。しかし，こうした努力によってミスを皆無に抑えることは不可能に近い。少なくとも，

絶対に発生させてはいけないミスを洗い出し，その部分だけでも完璧に抑える努力が必要となる。どのようなミスが深刻な状況を招き，社会的な影響が大きいのかということをまず分析し，優先順位をつけた上で，関係者が優先的に意識を集中しなければならない手続きを認識共有する必要がある。

　具体例を挙げれば，選抜方法やその他入試手続きの改定や変更には，相応のリスクとコストが生じることを関係者が共通に認識することが重要であろう。例えば，必須科目や傾斜配点の変更は，同時に，それを処理するコンピュータプログラムの修正が必要となる。通常，重要なデータを扱うシステムでは，プログラムに修正が施されると，プログラムの「単体テスト」だけでなく，「システムテスト」や「運用テスト」など，幾重にもテストが繰り返された上でのシステム更改が行われる。当然，そこには十分な費用や時間などのコストを投入することが必要となる。システム開発・運用を専門的に行う機関や会社ならば，十分な対応も可能であろうが，個別大学の入試に同様の品質管理を求めるのは難しい。入試に関する情報は秘匿性が高く，多くの人員が機密情報を共有することには別のリスクが伴うからである。入試作業に関わる人員や環境などのリソースが限られているほど，入試ミスが発生するリスクは必然的に高まる。さらに，募集要項やその他の公表資料，学内でのルール作りなどの同時変更も視野に入れるならば，チェックすべき事項は膨大に及ぶ。選抜方法や評価方法などを変更する際には，十分な注意が必要とされるのである。

　成績開示などを含む情報公開の流れにより，受験当事者を中心に様々な情報が多くの人の目に触れるようになった。当然，入試に関する手続きのチェック機能もそれに応じて高めていく必要がある。現状では，情報を公開しないという選択枝は取り得ない。大学としては，公開した情報が多くの人々のチェックを受けることを前提に，入試関連手続きに対する十分な議論と可能な限りの確認作業を実施するしかない。

　仮に，あらゆる努力にも関わらず，入試ミスやそれに伴う諸問題が生じた場合には，迅速な公表が必要である。意図的になされるミスはない。点検やコミュニケーションの不足によってミスが発生する。一方，ミス発生の事実を公表するか否かは大学側の主体的な判断である。公表しない場合には，「隠蔽」とみなされる可能性を覚悟する必要がある。入試手続きにおいて合

否の判定に関わる最悪のミスを犯した上に隠蔽の事実が伴えば，大学にとって非常に大きな損失となることは，過去の事例が十分に示している。また，公表が遅れることによって隠蔽の嫌疑をかけられた事例もあるので，大学のイメージを失墜させないためには迅速な対応が必要であろう。入試ミスの公表は，ミスによる損失や影響を最小限に留めるために，最低限必要とされる処置なのである。

　公表と同時に，影響を受けた受験者や社会全体に対する説明の仕方にも留意すべきである。公平性に関する社会心理学的研究では，人事評価の場面において権威者（例えば，会社の上司や人事担当者など）から否定的な評価を下されても，その評価に対して「適切な説明」が十分になされれば，被評価者は適切に処遇されたという認識が高まることが報告されている[10)11)]。入試ミスにより誤った合否判定をした場合，当事者である受験者や社会全体に対して，「入試ミスによる誤った合否判定」という事実だけではなく，「なぜ，そのような判定ミスをしてしまったのか」，「大学として当該ミスをどのように考えているのか」，「どのような対応や補償をするのか」などの事項についても適切な説明が求められる。

　入試実施に関わる関係者が優先的に意識を集中しなければならない手続きを具体的に見てきたが，「入試ミス」は大学経営における「リスク」とみなすことができる。経営管理の手法には，各種の危険による不測の損害を最小のコストで効果的に処理するため，「リスクマネジメント（Risk Management）」（日本規格協会，2003)[12)]という考え方がある。リスク分析（リスクの把握・特定・発生頻度の算定を示す）とその評価から始まり，リスクの種類に応じた対策を講じるものである。この考え方に沿えば，本研究での試みは「リスク特定」に位置づけられる。「リスク特定」とは，「リスクに関する情報を分析するとともに組織に重大な結果をもたらすと懸念されるリスク及び／又は結果の重大性の困難なリスクを特定する」ものである。今後は，「リスク評価」，「リスクマネジメントの目標」，「リスク対策の選択」，「リスクマネジメントプログラムの策定」といった文脈からの議論（日本規格協会，2003）も必要だろう。

　大学全入時代の到来により，現在のわが国の高等教育制度の下では十分な志願者を確保することが，国公私立を問わず大学経営にとっての至上命題と

なっている。経営上のリスクマネジメントを考えたとき，大学の入口に当たる入試関連業務から生じる入試ミスの「リスク特定」は十分に意味のあるものであろう。今後，大学教員のFD（ファカルティ・デベロップメント）義務化に伴い，入試に関するFDの機会も増えることが考えられる。大学内で入試手続きミスによるリスクを共有するための一資料として，本研究の知見が活用されることを期待したい。

注

1）Trow, M.A.［訳書：天野郁夫・喜多村和之］.『高学歴社会の大学──エリートからマスへ──』. 東京大学出版. 1976.

2）2002年度より，大学入試センター試験も出願時に希望した受験者を対象とした各科目の「成績開示」を導入している。

3）西郡大. 大学入学者選抜における「入試ミス」の分類指標作成の試み. 教育情報学研究. 東北大学大学院教育情報学研究部・教育部, No7, pp39-48, 2008（本書第3部第9章）.

4）新聞各社によって，報道する内容および主張等に一定の差異が生じることも考えられる。しかし，本研究の目的は，入試ミス件数の正確な把握ではなく分類であり，社会的に影響が大きかった事例のみを考察している。さらに，記事の主張に注目するのではなく，客観的記述のみを抽出しているという点において，各紙の差異による影響は大きくないもとの判断し，朝日新聞のデータベースのみを利用した。

5）パターンの「3」，「5」，「7」，「11」，「13」は，隠蔽疑惑が生じた場合に当てはまるパターンである。しかし，各大学が隠蔽として公表する事例は，ほぼ皆無であり，さらに，追加合格者が生じたり，入試ミスの影響が複数年に渡るなど事態が深刻な場合に明らかになる傾向がある。そのため，上記のパターンに該当する事例は存在しなかった。また，パターンの「6」は，被害が少ないためにほぼ問題に記事ならないものであり，その他の「9」，「10」，「14」の3パターンは，入試日程の構造上，生じ得ないパターンである。

6）本研究での「新年度開始」とは4月1日である。

7）教育研究内容の充実や特色ある大学づくりに使用される経費のことである。

8）Leventhal, G.P.（1980）. What should be done with equity theory?: New approaches to the study of fairness in social relationship. In: Gergen,M. Greenberg, and R. Willis（Eds.）, Social exchange（pp27-55）. New York; Academic Plenum.

9）林洋一郎. 社会的公正研究の展望：4つのリサーチ・パースペクティブに注目して. 社会心理学研究』, No22, pp305-330, 2007.

10）Bies, R.J. & Shapiro, D.L.（1987）. Interactional fairness judgments; The influence of causal accounts. Social Justice Research, 1, pp199-218. や Greenberg, J.（1991）. Using explanation to manage impressions of performance appraisal fairness. Employee Responsibilities and Right Journal, 4, pp51-60. などが挙げられる。

11）こうした研究は「情報的公正研究」に位置づけられる（林，前掲書）。

12）日本規格協会．リスクマネジメントシステム構築のための指針，2003.

付 記

　本研究は，平成20〜21年度科学研究費補助金（特別研究員奨励費）および東北大学高等教育開発推進センター平成20年度高等教育の開発推進に関する調査・研究経費（センター長裁量経費）「大学入試学（admission studies）構築のための基礎研究(2)—人材育成の発展—」の成果の一部である。

第 11 章

東北大学入試広報戦略のための基礎研究
——過去10年の東北大学入試データから描く「日本地図」——[1]

東北大学高度教養教育・学生支援機構　教授　倉元　直樹

第 1 節　はじめに

　アドミッション・ポリシーという文言が行政文書に初めて登場したのは，第17期中央教育審議会答申[1)]である。「大学は，受験生に求める能力，適性等についての考え方をまとめた入学者受入方針（アドミッション・ポリシー）を明確に持ち……」とあり，一般に「求める学生像」に近い概念と理解されている。「大学と学生のより良い相互選択[2)]」がキーワードとなっている現在，「求める学生像」に合致した志願者を集める入試広報は，大学にとって重要な活動とみなされている。

　東北大学の入試広報活動に対する評価は意外に高い。例えば，朝日新聞社の「大学ランキング2007」では，高等学校から見た「広報に熱心な大学」ランキングの第4位である[3)]。国公立大学の首位，しかも名だたる有名私大を押さえ，ここ数年，全国の大学の中でトップクラスを維持している。東北大学の入試広報は志願者，合格者が多い高等学校を中心によく行き届いている[4)]。その最大の特徴はオープンキャンパスである。東北大学のオープンキャンパスは進学の動機付けに多大な効果をもたらしている[5)]。毎年，参加者が増加し，現在，国立大学では2位を2倍近く引き離して圧倒的に全国一の規模を誇っている[6)]。

　一方，入試広報活動が大学にとって負担であることも事実である。研究大学である以上，必然的に入学者選抜関連活動に注ぐエネルギーは制限される。

1　本章は「東北大学高等教育開発推進センター紀要」第2号に掲載された論文のタイトルを一部修正して（原典の主タイトルの末尾に「（1）」と番号が付されている）再録したものである（倉元，2007，文献リストは第3部・Introduction「『実学』としての大学入試研究」末尾に記載）。著者の執筆当時の所属・肩書は「東北大学高等教育開発推進センター・准教授」。

例えば，東北大学入試センターの専任教員は，入試課職員の協力の下，平成11年度（1999年度）のアドミッションセンター発足以来，高校進路指導担当教員を対象とした入試説明会を実施してきた。平成18年度（2006年度）は東北地方を中心に15都市で開催された。限られた地域での開催だが，全国展開は，資金，人員，時間，労力の面で不可能である。さらに，よりダイナミックな入試広報活動には多くの教員，職員の協力と資金が不可欠となる。出前授業などの機会も多く，通算すれば多くの人手を割いている。平成18年度（2006年度）には，新たに「TU：S 東北大学進学説明会 in 東京」と題して，高校生，浪人生，及び，その保護者に向けた東北大学単独の進学説明会が行われたi が，こういった催事に投入される労力は準備段階も含めて大きい。

　広報を受ける側の高等学校にとっても，全国で700を超える大学の宣伝活動に付き合うと，本来の教育活動に支障を来たすだろう。入試広報活動は常に拡大の圧力を受けるが，それは「整理をしていかないと，大学も高校もその最も大切な機能を潰すことになって」しまう7) 類のものと言える。18歳人口減少期を迎え，学生確保に対する大学の危機感は並々ならぬものがある。しかし，際限なく手を広げると，次第にその行為自体が自己目的化して行く。大学の中心的活動に割くべき資源や労力，時間を奪われ，その割に成果が上がらず，次第に疲弊していく。それでは意味がない。一つひとつの活動に，明確な戦略と意味づけ，具体的根拠があってこそ，大切な時間と資金を投入する意義が見出されるはずである。近年，入試広報活動をビジネスチャンスと捉え，大学の危機感に乗じて大学の資金を拠出させようとする動きも活発である。活動計画を策定する側が広報対象について十分な知識，見識，合理的な見通しと戦略を持たない限り，最前線でその運営に携わる担当者が様々な思惑に翻弄された挙句に，消耗し尽くしてしまう危険性が高い。

　広報は相手があって初めて成立するものである。実施側がいくら意気込んでも，受け手が同じ意識で受け止める保証はない。広報には，ホームページのように大学の教育・研究活動に関する情報を掲載してアクセスを待つ形態もある。受動的だが，低コストで一定の情報を幅広く届けることが可能である。他方，出前授業のように積極的にキャンパスを出て，少数の相手と密度の濃いコミュニケーションを図る方法もあり，その間に様々なバリエーションが考えられる。工学部の AO 入試II期，III期の受験者を対象にした調査か

らは，オープンキャンパスとホームページは特に有効だが，Ⅱ期の受験者は
東北大学 AO 入試の「過去問」，Ⅲ期の浪人生や遠方からの受験生は「受験
雑誌の記事」に，より多く接触しているといった，属性による違いも見出さ
れている[8]。相手が求めるものは一様ではない。限られた時間と予算の中，
どのような対象にどのようにアプローチすることが効果的か探るには，まず，
広報のターゲットとする層の特徴を知る必要がある。

　本研究では東北大学の入試データ等を利用して，効率的かつ有効な入試広
報活動計画を立案するための基礎資料作成の方法論構築を試みる。入試広報
活動の最終目標は大学教育の活性化であり，より多くの「求める学生」を実
際に受験にいざなうことが当面の課題となる。志願者のプロフィール，特に，
地域の特徴に応じた課題の把握が重要である。どの地域からどのような意識
の志願者がどの程度の人数が集まっているのか，といったような問題を分析
するため，主に都道府県を単位とした地域分析を行う。その上で，複数の都
道府県をまとめた大きな地域区分について，ここ10年間の志願の動態を把握
し，今後の入試広報活動の方針について検討する。

第 2 節　方法

1．分析対象データ

1.1．東北大学入試データ

　本研究では入試課に電子情報として保管されている平成 9 年度（1997年
度）～平成18年度（2006年度）の入試データ記録を用いた。これを「東北大
学入試データ」と呼ぶ。そのうち，平成12年度（2000年度）以降の入試デー
タは追跡調査[ii] のために既に借用していたものを用いたので，本研究のため
に新たに借用したデータは平成 9 年度（1997年度）～平成11年度（1999年
度）のものである。そこから，合否関連以外の全ての成績情報を削除した
データを使用した。すなわち，本研究のデータは，一般入試前期，同後期，
推薦入学Ⅱ，AO 入試Ⅲ期の志願者について，合格発表の際に公表される受
験記号番号，出身高等学校を識別するコード情報などが含まれ，分析の対象
となっている。また，高校生，浪人生を対象としていながら，入試情報が電

子化されて保管されていない推薦入学Ⅰ，AO入試Ⅱ期の入試区分については，毎年，入試課で作成，入試関連の委員会を通じて配布されている「入学試験に関する調査(1)」[iii] で公開されている情報から，都道府県単位の志願者，合格者の人数を拾い出して補完的に用いた。

1.2. 9大学合格者データ

　ある民間教育業者が調査し，作成した高等学校別大学合格者数の資料のうち，平成12年度（2000年度）～平成16年度（2004年度）の5年分について，北海道大学，東北大学，東京大学，東京工業大学，一橋大学，名古屋大学，京都大学，大阪大学，九州大学の合格者数を入力して利用した。これを「9大学合格者データ」と呼ぶ。ただし，同調査に協力していない高校も存在するので，完全に信頼できる数値とは言えない。

2. 分析方針

2.1. 東北大学の志願者，合格者のプロフィール

　最初に，東北大学入試データから，分析対象とする直近の10年間における東北大学志願者の全体像を把握の把握を試みた。ただし，各学部学科専攻[iv]ごとの分析に関しては，稿を改めることとし，本稿では扱わない。まず，10年間の学部別，入試区分別，設置者別，男女別の志願者数等を都道府県別にまとめて全体的な特徴を探った。さらに，平成12年度（2000年度）～平成16年度（2004年度）の5年間について，9大学合格者数データに基づき，都道府県別合格者数をまとめ，他大学と比較した相対的な東北大学の特徴を浮き彫りにした。

2.2. 地域分類指標の作成と地域分類

　47都道府県について，上記の2種類の入試データに基づいた分類を試みた。分類の指標には，以下のような変数を用意した。東北大学入試データからは，都道府県ごとに，入試区分ごとの相対的な合格者割合，設置者別合格者割合，合格者の男女比，合格者輩出高校数，1校あたりの合格者数，都道府県別で最大の人数を合格させている高校の県内の東北大学合格者数に占める割合（以後，「占有率」と表記する），同じ観点からトップ10%の高校の占有率，

前期日程試験の実質合格率，後期日程試験の実質合格率，前期日程試験出願者における他の日程の東北大学併願率，後期日程における併願率，である。9大学合格者数データからは，9大学合格者数合計，その中に占める東北大学の占有率を用いることとした。分類に寄与した変数が，地域を特徴付ける意味を持つが，それぞれの変数の持つ意味については，分析結果とともに解説する。

2.3.　志願者数の年次変化

　以上の分析によって分類された地域区分を基に，ここ10年間の志願者数の動態について分析する。

第3節　結果

1．東北大学の志願者，合格者のプロフィール

1.1.　東北大学入試データから見た志願者の特徴

　東北大学入試データにより，平成9年度（1997年度）〜平成18年度（2006年度）にかけての志願者数を都道府県ごとに示したのが表11-1である。本研究の基礎となるデータの一部である。なお，「その他」の区分は，分析に用いなかった。推薦入学ⅠとAO入試Ⅱ期は含まれていないが，通算して10年間で約98,000名という規模の志願者（1年平均約1万人弱）が集まっている。入試区分では，前期が約57,000名（約58％），後期が約37,000名（約38％），推薦Ⅱ・AO Ⅲ期が約3,900名（約4％）である'。出身高校の設置者別区分では国公立が約77,000名（約78％），実質的には公立高校から圧倒的に多くの志願者を得ている。男女別では，男子が約78,000名（約79％）と多い。都道府県別では，所在地の宮城出身者が約19,000名（約20％），次いで東京が約6,000名（約6％），次いで，福島，山形，茨城，岩手…と続く。関西以西から通算2,000名以上の志願者を送り出している府県はない。

表11-1. 都道府県別東北大学入試志願者数基礎データ

（平成 9 ［1997］〜18 ［2006］年度通算）

都道府県名	合計	入試区分			設置者			性別	
		前期日程	後期日程	推薦・AO	国公立	私立	高専他	男	女
北海道	2,794	1,652	1,049	93	2,215	578	1	2,333	461
青森県	3,785	2,327	1,197	261	3,668	117	0	2,745	1,040
岩手県	4,122	2,668	1,056	398	4,025	97	0	2,976	1,146
宮城県	19,263	10,843	7,703	717	15,952	3,296	15	14,345	4,918
秋田県	3,128	2,000	937	191	3,070	58	0	2,233	895
山形県	4,455	2,830	1,352	273	4,282	173	0	3,093	1,362
福島県	5,681	3,541	1,901	239	5,564	114	3	4,160	1,521
茨城県	4,154	2,321	1,694	139	2,980	1,172	2	3,382	772
栃木県	3,114	1,985	989	140	2,911	203	0	2,565	549
群馬県	2,924	1,776	1,039	109	2,804	118	2	2,450	474
埼玉県	3,794	2,154	1,552	88	2,718	1,076	0	3,372	422
千葉県	3,004	1,645	1,283	76	2,074	930	0	2,577	427
東京都	6,200	3,347	2,709	144	2,177	4,021	2	5,078	1,122
神奈川県	3,803	2,109	1,572	122	1,785	2,018	0	3,218	585
新潟県	2,400	1,508	779	113	2,243	157	0	1,881	519
富山県	1,174	763	384	27	1,143	31	0	897	277
石川県	1,006	643	336	27	923	83	0	820	186
福井県	360	212	137	11	350	10	0	287	73
山梨県	877	552	303	22	596	281	0	701	176
長野県	2,524	1,540	900	84	2,393	127	4	2,018	506
岐阜県	593	344	234	15	548	45	0	511	82
静岡県	3,211	1,936	1,180	95	2,844	367	0	2,645	566
愛知県	2,867	1,614	1,179	74	2,216	651	0	2,421	446
三重県	644	352	274	18	411	233	0	547	97
滋賀県	282	157	121	4	260	22	0	246	36
京都府	711	379	307	25	239	472	0	601	110
大阪府	1,789	1,045	694	50	882	905	2	1,540	249
兵庫県	1,687	931	703	53	1,148	538	1	1,495	192
奈良県	514	252	239	23	263	251	0	465	49
和歌山県	323	178	135	10	131	192	0	279	44

鳥取県	244	131	107	6	237	7	0	199	45
島根県	292	154	118	20	289	3	0	238	54
岡山県	603	319	268	16	339	264	0	507	96
広島県	1,053	541	474	38	353	700	0	939	114
山口県	391	210	166	15	377	14	0	338	53
徳島県	224	126	69	29	193	31	0	177	47
香川県	368	197	163	8	330	38	0	299	69
愛媛県	565	300	243	22	373	192	0	507	58
高知県	222	106	107	9	18	204	0	171	51
福岡県	766	415	332	19	505	260	1	659	107
佐賀県	193	99	90	4	78	115	0	174	19
長崎県	260	127	123	10	167	93	0	237	23
熊本県	180	86	87	7	144	36	0	152	28
大分県	181	98	66	17	128	53	0	166	15
宮崎県	178	99	64	15	154	24	0	161	17
鹿児島県	383	188	182	13	169	214	0	336	47
沖縄県	280	154	116	10	115	165	0	230	50
その他	464	263	201	0	0	0	464	386	78
計	98,030	57,217	36,914	3,899	76,784	20,749	497	77,757	20,273

表11-2．都道府県別東北大学入試志願者基礎データ(2)

(平成9［1997］〜18［2006］年度通算)

都道府県名	志願者輩出校		県内トップ輩出校		県内トップ10%校		実質合格率	
	高校数	1校当り	志願者数	占有率	志願者数	占有率	前期	後期
北海道	86	32.49	352	12.6%	1,745.4	62.5%	36.2%	19.3%
青森県	34	111.32	998	26.4%	2,996.6	79.2%	39.8%	21.3%
岩手県	31	132.97	1,727	41.9%	2,784.6	67.6%	37.1%	27.3%
宮城県	76	253.46	4,258	22.1%	15,320.6	79.5%	24.9%	10.3%
秋田県	27	115.85	1,193	38.1%	2,063.9	66.0%	40.2%	17.1%
山形県	34	131.03	2,177	48.9%	3,044.0	68.3%	43.6%	27.0%
福島県	41	138.56	1,504	26.5%	3,817.0	67.2%	31.8%	14.8%
茨城県	47	88.38	1,244	30.0%	2,759.2	66.4%	34.8%	16.5%
栃木県	37	84.16	842	27.0%	1,882.7	60.5%	47.5%	23.5%
群馬県	32	91.38	767	26.2%	2,020.8	69.1%	39.8%	20.5%
埼玉県	74	51.27	811	21.4%	2,612.6	68.9%	25.6%	10.4%
千葉県	73	41.15	462	15.4%	1,892.3	63.0%	30.9%	13.0%
東京都	230	26.96	383	6.2%	3,810.0	61.5%	27.3%	12.9%
神奈川県	128	29.71	692	18.2%	2,374.2	62.4%	30.0%	13.4%
新潟県	37	64.86	812	33.8%	1,451.1	60.5%	42.9%	18.9%
富山県	21	55.90	364	31.0%	701.8	59.8%	53.0%	27.4%
石川県	19	52.95	425	42.3%	551.0	54.8%	45.4%	25.3%
福井県	15	24.00	125	34.7%	165.0	45.8%	40.2%	24.4%
山梨県	24	36.54	179	20.4%	316.0	36.0%	41.1%	37.8%
長野県	37	68.22	647	25.6%	1,556.6	61.7%	35.4%	18.0%
岐阜県	33	17.97	142	24.0%	306.0	51.6%	32.2%	17.7%
静岡県	67	47.93	399	12.4%	2,080.9	64.8%	40.1%	20.6%
愛知県	105	27.30	255	8.9%	1,721.5	60.0%	35.8%	19.9%
三重県	21	30.67	105	16.3%	209.2	32.5%	35.7%	15.6%
滋賀県	19	14.84	123	43.6%	184.2	65.3%	32.1%	15.3%
京都府	59	12.05	179	25.2%	399.5	56.2%	34.6%	27.7%
大阪府	105	17.04	114	6.4%	872.0	48.7%	30.7%	21.1%
兵庫県	101	16.70	219	13.0%	888.8	52.7%	38.0%	19.4%
奈良県	19	27.05	105	20.4%	173.4	33.7%	30.9%	19.0%
和歌山県	20	16.15	85	26.3%	166.0	51.4%	35.6%	20.0%
鳥取県	12	20.33	93	38.1%	108.6	44.5%	39.5%	25.4%

島根県	16	18.25	117	40.1%	141.0	48.3%	52.3%	48.4%
岡山県	31	19.45	142	23.6%	274.5	45.5%	36.1%	25.5%
広島県	50	21.06	228	21.7%	652.0	61.9%	35.6%	17.6%
山口県	19	20.58	83	21.2%	139.7	35.7%	32.9%	21.2%
徳島県	14	16.00	43	19.2%	58.6	26.2%	38.3%	10.3%
香川県	19	19.37	161	43.8%	216.8	58.9%	27.4%	20.7%
愛媛県	20	28.25	187	33.1%	295.0	52.2%	44.1%	24.3%
高知県	11	20.18	83	37.4%	89.2	40.2%	34.0%	20.5%
福岡県	61	12.56	72	9.4%	377.3	49.3%	33.2%	13.8%
佐賀県	10	19.30	93	48.2%	93.0	48.2%	29.6%	9.7%
長崎県	21	12.38	79	30.4%	109.1	42.0%	35.8%	18.9%
熊本県	20	9.00	76	42.2%	103.0	57.2%	36.5%	15.5%
大分県	22	8.23	58	32.0%	102.6	56.7%	36.1%	20.4%
宮崎県	19	9.37	52	29.2%	71.8	40.3%	41.4%	36.6%
鹿児島県	30	12.77	135	35.3%	257.0	67.1%	30.8%	15.4%
沖縄県	16	17.50	89	31.8%	131.0	46.8%	30.3%	19.5%
計	2043	47.76	—	—	—	—	—	—

　表11-2は高校を単位とした分布と合格率である。10年間で一人でも東北大学に志願者を送り出した高校は約2,000校である。全国の高等学校の約1/3に該当する。都道府県別で見ると，230校（約11%）と東京が多く，次いで，神奈川，愛知，大阪，兵庫が100校を超えた。1校あたりの平均志願者数は約48名，年間約5名弱だが，宮城が約253名と平均の5倍を超えた。以下，福島，岩手，山形，秋田，青森と東北各県が100名を超えている。

　次に，各都道府県で最も多くの志願者を送り出した高校について，その志願者数と県全体の東北大学志願者数に占める占有率を示した。トップの宮城で10年間通算で4,000名 [vi] 以上の志願者を送り出している高校が存在する一方，徳島県では最多の高校でも僅かに43名と，大きな開きがある。トップ校の占有率は，山形の約49%が最大，次いで，佐賀等8県で40%を越える学校が存在する。逆に，東京の約6%を最小に，大阪，愛知，福岡では10%に満たない。同様の考え方で東北大学への志願者数において同一都道府県内で多い順にトップ10%校までの高校による占有率 [vii] を示した。占有率が高

いのは宮城，青森で，約80％に迫る。逆に低いのは徳島が約26％，三重，奈良，山口，山梨が40％を下回る。

実質合格率は，合格者数を分子，志願者数から既に入学手続きを済ませて合格の権利が喪失した人数を引いた者を分母として算出した。推薦・AO の区分については，著しく人数が少ない都道府県があるため分析から除外した。一般入試前期では，20〜50％台に分布した。宮城が約25％，埼玉，東京，香川，佐賀が30％未満と低く，逆に富山で約53％，島根も50％を突破した。後期の実質合格率は，概ね10〜30％台で，佐賀が約10％，宮城，徳島，埼玉が同程度である。逆に島根が約48％と１県だけ突出した数値であった。

なお，合格者についても，同様の分析を行ったが，紙面の制約のため割愛する。

1.2. 9大学合格者データから見た東北大学の特徴

本節では，他大学との比較で東北大学を特徴づける。7大学はいわゆる「旧帝大系」で，常に東北大学と同じカテゴリーに分類されてきた。それに志願者層が重なっている東京工業大学，一橋大学を加えた。

最初に，この資料の精度を吟味するため，唯一，正確な数値が把握可能な東北大学合格者数を元に「捕捉率」を算出した。9大学合格者データにおける各高校の東北大学合格者数を都道府県別に集計，実際の合格者数で割った値を「補足率」と定義する。本研究は，大学進学に関する実態調査ではなく，東北大学の志願者，合格者の地域的特徴と入試広報の観点から地域分類が出来ればよいので，資料が完璧である必要はないが，一定の精度がなければ資料の意味がない。したがって，捕捉率は重要である。東北大学合格者数は本研究で利用した「東北大学入試データ」に電算集計されていない区分を加えて集計した。

全体で87.4％の捕捉率で，十分な精度と言えるが，都道府県で大きな違いがある。島根，高知の100％をはじめ，30都道府県で80％を超えた一方，福井，神奈川，宮崎，石川では60％を割った。したがって，捕捉率が異なる複数の都道府県をまとめた集計は信頼できない。一方，同一県内での相対的比較は可能と考える。

表11-3.　都道府県別9大学合格者数占有率（平成12 [2000] ～16 [2004] 年度通算）

	北大	東北大	東大	東工大	一橋大	名大	京大	阪大	九大	占有率トップ	東北大順位	合計	捕捉率
北海道	**83.5%**	5.9%	3.3%	1.6%	1.4%	0.7%	2.8%	0.6%	0.1%	北大	2	6,090	91.6%
青森県	19.5%	**64.1%**	8.5%	0.9%	2.0%	0.8%	3.7%	0.4%	0.1%	東北大	1	846	94.8%
岩手県	9.8%	**75.4%**	8.9%	1.3%	1.8%	0.6%	1.3%	0.5%	0.3%	東北大	1	979	98.4%
宮城県	7.5%	**80.5%**	4.2%	1.4%	1.6%	0.6%	3.1%	0.7%	0.2%	東北大	1	2,286	95.6%
秋田県	17.6%	**68.7%**	5.9%	1.1%	1.7%	0.2%	3.9%	0.8%	0.3%	東北大	1	664	97.0%
山形県	7.7%	**77.4%**	8.2%	0.6%	2.1%	1.3%	1.9%	0.8%		東北大	1	854	87.9%
福島県	9.0%	**68.2%**	8.6%	3.1%	4.6%	1.5%	4.0%	0.8%	0.1%	東北大	1	948	93.0%
茨城県	10.4%	**33.1%**	24.6%	12.0%	8.1%	2.5%	6.2%	1.7%	1.4%	東北大	1	1,552	94.7%
栃木県	12.4%	**51.2%**	15.4%	5.6%	4.4%	2.8%	5.5%	2.0%	0.6%	東北大	1	957	88.8%
群馬県	15.6%	**41.5%**	19.2%	9.0%	4.7%	2.0%	6.4%	1.0%	0.5%	東北大	1	995	99.0%
埼玉県	15.7%	19.7%	17.7%	**22.2%**	14.9%	1.8%	6.1%	1.3%	0.8%	東工大	2	1,188	70.1%
千葉県	10.7%	17.7%	**24.0%**	23.3%	10.1%	2.2%	7.9%	1.9%	2.2%	東大	3	1,302	78.2%
東京都	5.7%	6.1%	**46.2%**	18.3%	15.6%	1.1%	5.5%	1.0%	0.6%	東大	4	6,549	67.6%
神奈川県	7.9%	9.1%	**36.1%**	21.9%	15.4%	1.7%	5.1%	2.0%	0.8%	東大	4	2,494	56.3%
新潟県	22.0%	**43.7%**	12.0%	4.2%	4.3%	3.6%	7.9%	1.1%	1.1%	東北大	1	831	94.5%
富山県	14.7%	18.9%	**20.2%**	4.0%	5.5%	13.1%	7.8%	15.4%	0.4%	東大	2	835	68.4%
石川県	16.0%	12.9%	15.6%	2.3%	2.9%	16.4%	13.9%	**17.9%**	2.1%	阪大	6	726	58.0%
福井県	6.3%	6.3%	15.6%	2.2%	4.7%	18.9%	17.0%	**27.4%**	1.6%	阪大	5	493	53.4%
山梨県	13.3%	**30.1%**	23.1%	8.0%	7.6%	6.8%	5.8%	3.6%	1.6%	東北大	1	498	95.5%
長野県	12.5%	**28.5%**	16.0%	5.9%	3.3%	18.6%	10.8%	3.7%	2.0%	東北大	1	1,094	94.8%
岐阜県	6.3%	3.5%	7.3%	2.0%	2.0%	**60.8%**	10.4%	7.0%	0.6%	名大	6	1,581	76.4%
静岡県	12.5%	18.2%	10.8%	5.9%	4.3%	**27.8%**	11.4%	8.0%	1.2%	名大	2	2,205	90.9%
愛知県	5.3%	3.4%	8.8%	1.9%	3.1%	**62.7%**	9.1%	5.2%	0.5%	名大	6	7,688	76.6%
三重県	6.0%	4.8%	8.3%	2.5%	3.2%	**44.9%**	15.2%	13.4%	1.6%	名大	6	1,621	94.0%
滋賀県	5.9%	3.0%	1.9%	0.5%	1.6%	13.4%	**38.5%**	32.7%	2.5%	京大	5	831	89.3%
京都府	6.0%	2.7%	12.6%	0.4%	0.8%	3.6%	**52.6%**	20.7%	0.6%	京大	5	2,641	77.8%
大阪府	5.8%	2.7%	5.1%	0.6%	1.3%	2.5%	35.5%	**44.8%**	1.5%	阪大	5	5,099	65.7%
兵庫県	5.8%	3.8%	16.1%	0.4%	2.1%	3.4%	28.9%	**36.1%**	3.4%	阪大	5	5,683	90.0%
奈良県	4.6%	1.5%	11.3%	0.5%	0.7%	3.0%	**46.9%**	30.1%	1.3%	京大	6	2,544	66.1%
和歌山県	7.3%	4.1%	11.5%	0.5%	1.1%	7.4%	31.8%	**34.1%**	2.2%	阪大	6	973	85.1%
鳥取県	5.3%	7.6%	13.2%	3.0%	4.6%	9.9%	14.9%	**28.4%**	13.2%	阪大	6	303	69.7%
島根県	5.4%	10.0%	13.0%	1.4%	1.8%	13.0%	9.8%	22.4%	**23.3%**	九大	5	571	100.0%
岡山県	5.8%	6.4%	17.5%	1.5%	2.1%	6.7%	16.6%	**27.8%**	15.6%	阪大	6	1,438	98.9%
広島県	6.1%	5.7%	15.8%	3.1%	4.2%	6.2%	15.1%	21.3%	**22.6%**	九大	7	2,176	91.2%
山口県	5.0%	4.0%	6.8%	2.2%	1.5%	3.7%	13.4%	14.9%	**48.4%**	九大	6	804	82.1%
徳島県	7.9%	4.9%	17.4%	2.3%	1.9%	15.1%	13.3%	**32.1%**	5.1%	阪大	7	430	67.7%
香川県	6.6%	3.9%	15.8%	3.7%	4.3%	5.0%	20.7%	**32.1%**	7.9%	阪大	8	875	81.0%
愛媛県	5.5%	6.3%	20.7%	1.6%	3.4%	3.9%	13.5%	21.7%	**23.3%**	九大	5	961	67.8%

高知県	4.5%	8.1%	17.4%	3.1%	1.7%	4.8%	19.9%	***31.9%***	8.7%	阪大	5		357	100.0%
福岡県	2.0%	1.3%	6.9%	1.4%	2.3%	0.7%	5.9%	4.6%	***74.8%***	九大	8		6,912	93.9%
佐賀県	2.4%	2.2%	12.2%	1.1%	3.6%	2.7%	5.0%	7.0%	***63.7%***	九大	8		1,022	84.6%
長崎県	2.6%	1.7%	15.6%	1.5%	3.4%	2.8%	4.9%	7.6%	***59.8%***	九大	8		1,382	75.0%
熊本県	1.6%	1.6%	11.6%	1.7%	2.7%	2.6%	8.1%	7.1%	***62.8%***	九大	8		1,219	86.4%
大分県	1.9%	3.0%	11.7%	1.6%	1.7%	2.8%	4.8%	11.5%	***60.9%***	九大	5		745	88.0%
宮崎県	2.3%	4.0%	10.6%	1.5%	3.8%	8.0%	2.9%	10.5%	***56.5%***	九大	5		526	56.8%
鹿児島県	1.6%	2.3%	30.1%	4.0%	2.8%	2.7%	7.9%	5.8%	***42.9%***	九大	8		1,574	81.8%
沖縄県	12.1%	12.5%	12.5%	5.8%	2.7%	13.2%	8.2%	4.3%	***28.8%***	九大	3		257	84.2%

　表11-3は各都道府県内での9大学の合格者数の相対比率（占有率）である。合格者の出身には偏りが見られる。規模が小さい一橋大学を除き，各大学とも最大占有率の都道府県がある。共通するのは，大学の所在地とその周辺で占有率が高いことである。最も特徴的な北大は，北海道では約85％の占有率だが，それ以外では数～20％強程度である。名大，阪大，九大は，所在地を中心にその周辺で高い占有率を誇る代わり，占有率1％未満の都道府県も多い。これらの大学では「地元」とそれ以外が明確に分かれている。一方，東大と京大はトップの都道府県は少ないが，1％を切る都道府県もない。東工大，一橋大を加えた4大学は地元とそれ以外の境界がはっきりしない全国型大学と言える。

　東北大学は双方の特徴を備えている。占有率トップの都道府県数は12と，九大と並んで最多で，阪大も含めた3大学では「地元」が広範囲に及ぶ。占有率自体も高い。宮城の占有率は80.5％だが，北海道における北大に次いで2番目である。この点は，北大，九大と共通の特徴である。さらに，東北各県では占有率が60％を超え，山形，岩手では75％を越えている。九州における九大よりも高い。圧倒的に占有率が高い県を持ち，さらにそれが広範囲に及んでいる。一方，北大，東大，京大と同様，占有率が1％を下回る都道府県がないので，全国型大学としての特徴も有する。すなわち，「地元」では圧倒的に強い認知度が有り，それ以外の地域でも一定の認知度を有している。捕捉率に影響を受けることは念頭に置く必要があるが，東北大学の占有率が単独最下位となった都道府県は一つもない。

２．地域分類指標の選定

　志願者の出身地域を分類し，入試広報に役立つ特徴を把握するため，分類指標として以下の14変数を用いることとした。志願者数そのものの動向に関する分析を目的とした前処理なので，人数それ自体は用いない。以下，それぞれの指標の選択理由を述べる。なお，８つの指標では志願者数をベースとして同様の指標の作成が可能である。しかし，本稿では併願率の２指標を除き，合格者数を用いて指標を作成した。それは，以下の３つの理由による。最終的に分析対象とする変数と重ならない変数を用いた方が望ましい，９大学合格者データには対応する志願者数データが得られない，全ての指標で合格者数に基づく数値と志願者数に基づく数値との相関が著しく高かったこと[viii]である。

2.1.　推薦・AO 入試による合格者の割合（推薦 AO）[ix]

　東北大学の AO 入試は，「東北大学に入学してからやりたいことを明確に持つ強い第１志望の志願者に特別に与えられた受験機会である」と広報されてきた[9]。推薦，AO 入試で合格する者は概ね東北大学への志望が強いと考えられる。

2.2.　後期日程による合格者の割合（後期日程）

　逆に，後期日程は滑り止めとみなして志願する者が多い。「推薦 AO」とは逆の意味合いを持つ。なお，３つの入試区分全てを分析に加えると線形従属の関係になるので志望の観点からの特徴がやや曖昧な前期日程の合格者割合は分析に加えない。

2.3.　前期日程合格者の他の日程における東北大学併願率（前期併願率）

　志願者データを用いた。「推薦 AO」と同じく第１志望の強さの指標である。

2.4.　後期日程合格者の他の日程における東北大学併願率（後期併願率）

　「前期併願率」と全く同じである。第１志望の強さの指標である。

2.5. 前期日程における実質合格率（前期合格率）

合格率の高さは，関心が高くて受験技術的な情報が行き届き，合格に向けた技術的ノウハウにも精通している指標の可能性と，現実的な合格可能性のみを重視して，偏差値による進路選択を行っている指標の両面が考えられる。他の変数との兼ね合いで判断する。

2.6. 後期日程における実質合格率（後期合格率）

「前期合格率」と全く同じである。

2.7. 合格者に占める女子の割合（女子）

東北大学は男子比率の高い大学である。その中で女子の比率が相対的に高いと言うことは，より幅広い層に大学が認知され，進学先として意識されている可能性がある。

2.8. 合格者輩出高校数（高校数）

合格者を輩出する高校数が多いことは，大学入試の持つ強い「当時者性」の性質[10]から見ても，東北大学に関心を寄せる高校が多いと推測できる。一方，地方では高校数が限られるため，人口密集，都市化の程度を反映した指標とも考えられる。

2.9. 合格者輩出高校1校あたりの合格者数（1校平均）

合格者の多い高校は，東北大学に対する関心も高い。高校単位の広報対象として効果も効率も良いことが期待される。

2.10. 県内最多合格者輩出高校の合格者数占有率（トップ）

突出して合格者の多い高校が存在すれば，その高校を主軸に据えた入試広報を展開することが可能となる。入試広報戦略が立てやすい。

2.11. 県内トップ10%校の合格者数占有率（トップ10）

多くの合格者を輩出する高校が複数存在する場合でも，数が限定されれば，広報対象が絞りやすい。

2.12.　私立高校占有率（私立）

　東北大学は公立高校からの進学者割合が高いので，主に公立高校を念頭に置いた広報を展開するべきである。しかし，私立高校出身者の割合が高い地域では，私立高校も意識した入試広報を行う必要がある。

2.13.　9大学合格者数（9大学）

　都道府県の進学実績の指標の一つである。ただし，学力水準だけではなく，人口規模や進学先に関する志向性にも影響を受ける。私大が好まれる地域，地元の大学が強い影響力を持つ地域では，この指標は低いであろう。また，捕捉率にも大きく影響される。

2.14.　9大学における東北大学の占有率（東北大占有率）

　競合する他大学との比較の上で，東北大学に対する関心の高さの指標と解釈できる。

　なお，先述のように「推薦AO」〜「私立」の12変数は東北大学入試データから作成され，「9大学」と「東北大占有率」は9大学合格者数データから作成された。

3.　東北大学入試広報の観点からの地域分類

3.1.　地域分類用の尺度構成

　14の指標を変数，都道府県をオブザベーションとして探索的因子分析を行った。本研究で行う因子分析の目的は，指標を分類して尺度を作成することである。

　相関行列を固有値分解したところ，値が1.0を超えたものが4つあった。最大4因子までのモデルが可能だが，スクリープロットの形状と累積寄与率，因子構造の解釈のし易さから，3因子モデルを採用した。3つ目までの固有値の累積寄与率は 0.83と高い。共通性の初期値にSMCを用いて反復推定を行い，主因子法で因子抽出を行った。得られた解にバリマックス回転を行って直交単純構造を得た。回転後の因子構造行列を表11-4に示す。なお，表中の変数名の末尾にアステリスクが付された項目は係数がマイナスの逆転項

目である。

　第1因子の因子寄与が4.79と大きく，第2因子が2.34，第3因子が2.30と
ほぼ拮抗している。14指標について因子負荷量を基に分類を行った。累積寄
与率が高いデータなので，0.6を基準とすると，第1因子には「1校平均」，
「東北大占有率」，「後期併願率」，「女子」，「トップ10」，「推薦AO」，「後期
日程（逆転項目）」が分類された。志望が強く，入試広報計画が立て易いこ
とを示している。「尺度1（志望強度）」と呼ぶ。
　第2因子には「高校数」，「9大学」，「トップ（逆転項目）」が分類された。
都市化と人口の多さ，高校単位の広報のやりにくさが現れている。「高校数」
は都市化の指標と考えるべきだろう。「尺度2（都市化度）」と呼ぶ。
　第3因子には「前期合格率」，「後期合格率」，「前期併願率（逆転項目）」

表11-4．地域分類指標の因子構造

	第1因子負荷量	第2因子負荷量	第3因子負荷量	h^2
1校平均	***0.95***	-0.11	-0.08	.92
東北大占有率	***0.95***	-0.15	-0.08	.93
後期併願	***0.88***	0.10	-0.41	.96
女子	***0.68***	-0.25	0.09	.54
トップ10	***0.63***	0.18	-0.07	.43
推薦AO	***0.60***	-0.23	0.07	.42
後期日程*	***-0.66***	-0.10	-0.09	.46
高校数	0.10	***0.90***	-0.23	.88
9大学	-0.12	***0.88***	-0.11	.76
トップ*	0.12	***-0.69***	0.17	.52
前期合格率	0.25	-0.15	***0.91***	.92
後期合格率	-0.04	-0.23	***0.64***	.46
前期併願*	0.42	0.12	***-0.78***	.80
私立	-0.51	0.14	-0.40	.44
因子寄与	4.79	2.34	2.30	

が分類された。第1志望が弱く，受験テクニックの対象として東北大学を捕えている様相が示されている。「尺度3（受験技術）」と呼ぶ。

「私立」は共通性が高いが，第1因子と第3因子に同程度の負荷を持つため，単純構造を優先して尺度には含めないこととした。

3つの因子に含まれる指標について，標準化した上で和を求め，尺度得点とした。第1因子の尺度得点を横軸に取り，第2因子の尺度得点を縦軸に取って各都道府県をプロットしたものが図11-1，第3因子の尺度得点を縦軸に取ったものが図11-2である。

3.2. 地域分類結果

地域分類には，図11-1が扱いやすい。図11-1を元に各都道府県を以下の4群に分類した。分類に用いた各指標の平均値を図11-3に示す。

3.2.1. 第1群（ホーム）

第1群には東北地方の6県が含まれる。東北大学に強い関心を持つ地元で

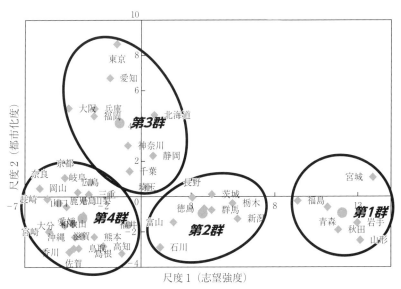

図11-1．尺度1（志望強度）と尺度2（都市化度）のプロット

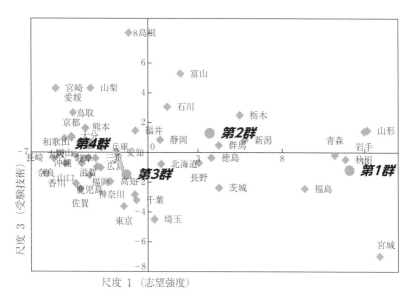

図11-2．尺度1（志望強度）と尺度3（受験技術）のプロット

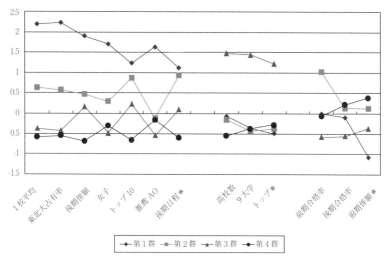

図11-3．群ごとの各指標の平均値（標準化した値）

ある。「ホーム（故郷）」と名付ける。尺度1（志望強度）の値が高く，東北大学第1志望志向が強い地域である。東北大占有率が高く，大学の認知度も抜群である。1校平均，トップ10の値も高く，高校をベースとした入試広報も立案しやすい。推薦AO，女子比率が高いのも特徴で，併願率も高い（図11-3参照）。

3.2.2. 第2群（ネイバー）

第2群には東北地方周辺の北関東北信越7県，茨城，栃木，群馬，新潟，富山，石川，長野が含まれる。「ネイバー（近隣）」と名付ける。徳島は，データから見ると第2群に入れるべきだが，地理的に遠く，10年間の志願者数が200名程度しかないなど，異質である。後述の第4群に含む。

第2群の特徴は，第1群に次いで尺度1（志望強度）の値が高いことである。特に，合格者に占める後期日程区分の比率が低い。トップ10の指標が高いので，少数の高校を機軸とした入試広報活動の展開が可能である。前期合格率が高いこともこの群の特徴であり，第1志望が前期重視と言う形で現れている。第1群と違って推薦AOには目が向いていない（図11-3参照）。この地域において推薦AOのアドミッション・ポリシーを浸透させる広報活動については，後に検討する。なお，図11-2を見ると，富山県と石川県は第2群としてはやや尺度1（志望強度）の値が低く，尺度3（受験技術）の値が高いという特徴が見られる。

3.2.3. 第3群（シティ）

第3群には北海道，埼玉，千葉，東京，神奈川，静岡，愛知，大阪，兵庫，福岡の10都道府県が含まれる。東北大学から見て第2群の外側あるいは遠方にあり，100万人規模程度以上の大都市を有するという特徴がある。「シティ（都会）」とするのが相応しい。尺度2（都市化度）が高い値であることがこの地域の特徴である。後期日程志願者の併願率がやや高く，トップ10の占有率も低くはないが，第1群，第2群と比べると入試広報が難しい地域である（図11-3参照）。ただし，図11-2からは，静岡，北海道，埼玉は尺度1（志望強度）の値が比較的高く，第2群に近い。第2群に準じたアプローチも期待できそうである。

なお，9大学合格者データの補足率の平均値は第3群が最も低くて平均78%である。したがって，9大学合格者数の群差の実態は，本稿で見られたよりもさらに大きいであろう。

3.2.4. 第4群（アウェー）

東北大学と縁遠いと言う意味で「アウェー（遠方）」と名付ける。福井，山梨，岐阜，三重，滋賀，京都，奈良，和歌山，鳥取，島根，岡山，広島，山口，徳島，香川，愛媛，高知，佐賀，長崎，熊本，大分，宮崎，鹿児島，沖縄の24府県が含まれる。尺度1（志望強度）は第3群と並んで低い。後期日程の合格者の割合が大きく，不本意入学者も多いと考えられる（図11-3参照）。前期志願者も後期志願者も他の日程では東北大学を受験していない割合が大きい。進学先としての東北大学の存在感は希薄である。あえて，この群に対して本格的な入試広報を行うとすれば，相当の費用と労力で一から出発し，全てが徒労に帰しても構わない覚悟が必要だろう。さもなくば，幅広く，薄く，効率的な広報戦略を考える方が無難と言える。

なお，志願者データを用いて同様の変数が作成可能な8個の指標について，志願者データの実数値の分布を表11-5に示す。地域分類には寄与しなかったが，「私立」の占有率は，第1群，第2群と第3群，第4群の間の明確な識別が可能な指標である。

表11-5．地域別志願者指標都道府県平均値

	第1群	第2群	第3群	第4群
1校平均志願者数	147.2	72.3	30.3	18.8
志願者に占める女子比率	38.6%	24.3%	17.4%	17.5%
志願者数トップ10校占有率	71.3%	61.8%	59.4%	47.7%
推薦AO志願者数の比率	6.12%	3.51%	2.77%	4.19%
志願者数に占める後期日程の比率	31.8%	34.6%	40.8%	42.3%
志願者輩出高校数	40.5	32.9	103.0	22.5
志願者数トップ校占有率	34.0%	30.8%	12.4%	30.8%
志願者に占める私立高校出身者比率	5.0%	8.9%	35.6%	34.1%

4.　地域群毎の出願者数経年変化

　ここ10年の志願者数はどのように推移しているのだろうか。前期日程，後期日程，推薦・AO の入試区分ごとに分析を行った。

　表11-6 に地域群別，入試区分別の志願者数の推移を示した。分析した10年間は入試制度が激しく変化した時期であり，新しい入試区分の開始や一部の廃止，定員の改変といった改革も頻繁に行われてきた。したがって，実数だけでは実態がつかみ切れない。そこで，各地域群，年度ごとに，それぞれの入試区分の募集定員に対する比率を算出し，さらにそれを平成 9 年度（1997年度）に対する比率に直して増減を見た。図11-4 ～ 6 にその結果を示す。

　前期日程では，概ね平成14 年度（2002年度）まで志願者が増え，その後，減少に転じた。全体では平成18年度（2006年度）に平成 9 年度（1997年度）

表11-6．　地域区分別・年度別志願者数推移

		H 9	H10	H11	H12	H13	H14	H15	H16	H17	H18
前期日程	第 1 群	2,536	2,474	2,402	2,346	2,358	2,434	2,276	2,564	2,432	2,387
	第 2 群	1,071	1,102	1,026	1,115	1,060	1,157	983	1,065	1,012	945
	第 3 群	2,027	1,965	1,751	1,686	1,763	1,796	1,609	1,674	1,320	1,257
	第 4 群	567	635	595	566	620	620	485	508	410	355
	合計	6,201	6,176	5,774	5,713	5,801	6,007	5,353	5,811	5,174	4,944
後期日程	第 1 群	1,292	1,302	1,223	1,432	1,421	1,507	1,312	1,627	1,498	1,532
	第 2 群	581	555	531	659	612	650	579	673	660	621
	第 3 群	1,265	1,241	1,098	1,247	1,338	1,377	1,246	1,251	1,069	1,121
	第 4 群	419	462	361	391	460	508	415	434	354	389
	合計	3,557	3,560	3,213	3,729	3,831	4,042	3,552	3,985	3,581	3,663
推薦・AO	第 1 群	144	188	183	196	167	226	218	303	224	230
	第 2 群	80	72	72	70	46	50	35	73	69	72
	第 3 群	107	111	86	86	82	60	75	63	62	82
	第 4 群	49	45	48	30	34	29	33	32	36	31
	合計	380	416	389	382	329	365	361	471	391	415

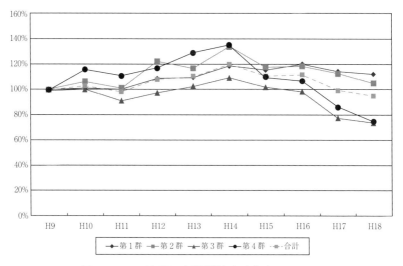

図11-4． 10年間の志願者数経年変化率（前期日程）

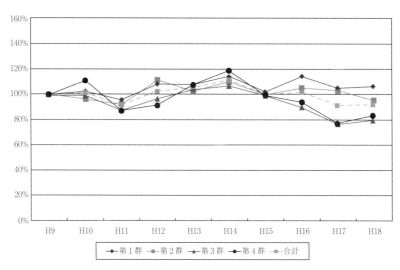

図11-5． 10年間の志願者数経年変化率（後期日程）

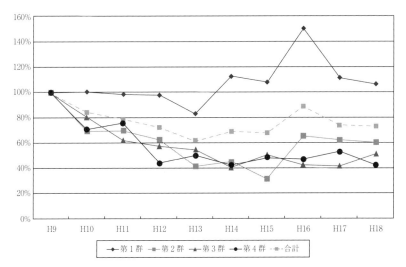

図11-6. 10年間の志願者数経年変化率 （推薦Ⅰ・AO Ⅲ期）

の水準を割り込んだ。特に減少が激しいのは第3群（シティ）と第4群（アウェー）である。一方，第1群（ホーム）と第2群（ネイバー）の志願者数は，辛うじて平成9（1997）年度の水準を保っている（図11-4参照）。

　後期日程には，前期日程ほどの増減は見られなかった。全体では平成17（2005）年度に平成9年度（1997年度）の水準を割り込んだ。平成15年度（2003年度）以降，第3群（シティ）と第4群（アウェー）の志願者が減少傾向にあるが，前期日程ほどには目立たない（図11-5参照）。

　推薦・AOは募集定員が相対的に少ないこともあり，変化が激しい。全体としては平成13年度（2001年度）まで減少を続け，その後，平成9年度（1997年度）の7割程度の水準で落ち着いている。地域群の構造が劇的に変化したのがこの入試区分の特徴である。第3群（シティ），第4群（アウェー）は平成14（2002）年度まで志願者が急減し，その後は横ばいである。第2群（ネイバー）は平成15年度（2003年度）まで減少，平成16年度（2004年度）に急に増えた後，ほぼ横ばいである。第1群は逆に平成13年度（2001年度）の減少から反転して急増に転じ，平成16年度（2004年度）にピークを迎えた後に平成14年度（2002年度）並みに落ち着いている。平成16年度

（2004年度）は AO Ⅲ期（工学部）で一気に100名の志願者増があった年度だが，主に第1群と第2群の志願者の影響であったと読み取れる（図11-6参照）。

第4節　考察

　本研究では，主として直近の10年間の入試データから，東北大学志願者の地域的な特徴を抽出することを試みた。東北地方の6県が東北大学の志願者，合格者に占める占有率は例年40%強程度である。相対的には高いが，他の「旧帝大系」と比較すると低い。強い第1志望の地域を広範囲に抱えているのにも拘らず，その地域からの進学者が圧倒的に多いと言うわけではなく，同時に遠方からも志願者を得ている。本研究の最大の成果は，客観的なデータに基づいて，東北大学の入試から見た地域分類に成功したことである。東北6県は他の地域とは確実に特徴の異なる群を形成していた。経験的には，北関東と南関東で広報活動に対する反応の違いがあることや，隣接する県の意識の差は感じられていた。入試広報を全国展開するべく，関西等で高校進路指導教員向けの入試説明会や高校訪問が試みられた時期もあったが，多大な成果が得られた感触はなかった。本研究の分析から，その実感が裏付けられた格好である。コミュニケーションの主導権は受け手側にある。同じ情報を同じ密度で発信したとしても，受ける側にそれを必要とするニーズ，モチベーションがなければ無駄である。

　志願者数の動向に関しては，確かに減少傾向が確認されたが，冷静な受け止め方が必要である。過去5年程度を見れば減少が目立つが，10年間とより長いスパンで全体を眺めた場合，18歳人口の減少にも拘らず志願者が増えた好調な時期を過ぎ，以前に戻ったと見ることが出来る。確かに，全体として志願者数が減っていることは事実だが，それをどう理解し，どのような対応策を考えるかは，より詳細な検討が必要である。

　著しく減少が激しい地域は，第3群（シティ）と第4群（アウェー）である。もともと東北大学の存在感が希薄で滑り止め的な扱いの志願が多い地域と言える。志願者数のみに注目し，数の減少をことさら問題視すると，誤っ

た対策に走る可能性が高い。入試広報の目的は大学の教育理念の達成基盤を作ることであり，アドミッション・ポリシーの実現に向けた条件整備である。いたずらに志願者数の確保に走るならば，逆に「求める学生像」に合致する潜在的な志願者層の期待を裏切り，離反させてしまう。むしろ，強い意欲を持つ第1志望の層を掘り起こして，しっかり受け止める活動が必要である。

　現時点で，推薦入学，AO入試で入学した学生の評判は総じて悪くない。工学部が独自で行っている追跡調査では，AOⅡ期で入学した学生が最も優秀で，Ⅲ期がそれに次ぐ，とされている[11]。入学直後の成績の一部にもその傾向が現れている[12]。推薦，AOの志願者数は全体としては減少しているが，第1志望の強い意欲を持つ志願者を多く擁する第1群（ホーム）の受験生を確実に引きつけている。推薦入学では，以前，遠方からの志願者が多かった一方，合格率は低かった。東北大学のアドミッション・ポリシーを理解せず，合格機会を増やすことを狙った受験生が撤退したことが原因であろう。志望が弱く，実力が伴わない受験生は，運よく合格する確率が低ければ受験動機も上がらない。志願者数は最重要問題ではない。「求める学生像」に合致する志願者が肝心なのだ。成績上位層が大量に入学を辞退して他大学に進学するような事態にならず，意欲と学力を備えた志願者の実質倍率が確保できるなら，名目倍率が2倍を割り込んでも，慌てる必要はない。愛媛大学医学部の志願動向を昭和54年度（1979年度）～平成7年度（1995年度）まで調べた研究では，倍率が1.6倍程度に落ち込んだ時期でも12倍以上に膨れ上がった時期でも合格者の学力には違いが見られず，学力の低い志願者が殺到したことで見かけ上の倍率が跳ね上がっていた[13]。やみくもに志願者が増えたとしても大学の教育の質の向上にはつながらない。今後は後期日程の廃止とAO入試の増加により，地域群の構造バランスの変化が予想される。指導的人材の育成という東北大学の教育理念とそれに基づくアドミッション・ポリシーを真剣に考えるならば，将来の学生の送り出し母体となる地域の高校教育をしっかりサポートすることが大切である。

　ところで，第2群（ネイバー）には前期日程を重視し，推薦・AOの志願者が少ないという特徴が見られた。経験的にも第2群の高校教員には東北大学のAO入試に積極的な姿勢は少ない。東北大占有率の指標を見ればその理由が分かる。第1群（ホーム）での圧倒的な占有率は，東北大学第1志望傾

向の著しい強さの現われと言える。教員側も生徒の希望に合わせた指導が可能である。一方，第2群（ネイバー）では，東北大の占有率は他の8大学に対して概ね相対的にやや優位に過ぎない。東北大学のAO入試が可能な限り高等学校の教育の流れに適合する設計になっている[14]としても，志願者層が競合する他大学にも類似のコンセプトで入試を実施するところがない限り，高校教育がそれに十分対応することは期待できない。第2群（ネイバー）でAO入試の入試広報を強化することは検討に値するが，大きな環境の変化が起こらない限り，有効性には限界があるだろう。大学入試の多様化で各大学の入試方法が複雑になるほど，地域ブロック化が進むと考えられる。

第3群（シティ），第4群（アウェー）に向けた効果的な広報活動は難しい。東大，京大と並ぶレベルで全国的な認知を勝ち取る以外に，強い第1志望の志願者を大量に獲得する方法はない。それは既に広報，あるいは，大学の研究教育における努力の問題すら超えているのかもしれない。歴史的に形成された社会的フレームワークを全国的に変えることを意味する。入試広報の観点から言えば，幅広く情報提供を続ける中で，そこにアクセスする少数の潜在的第1志望の志願者を大切にするしかない。

分析方法には課題も残った。志願者数や合格者数を変数として使わず，全体に合理的な分類が出来た中，徳島だけが例外として残った。電算化されていない区分を集計して本格的に変数に加えたり，一部の変数を入れ替えるなど，指標の洗練のほか，分類の統計的方法にも再検討の余地があるかもしれない。

本稿では東北大学全体の動向を描くことに成功した。今後は，本稿における分析結果を基盤した上で，各学部，学科の特徴を分析し，それぞれの事情を踏まえたより細やかな入試広報計画の立案に資する資料生成の方法論を検討することが次の課題である。

謝 辞

多大な労力と時間をかけて5年分の全国高等学校別合格者情報の冊子の中から本研究に用いた9大学の合格者数情報を入力してくれた熊谷文志君（東北大学大学院教育情報学教育部［当時］），西郡大君（東北大学大学院教育情報学教育部）に感謝します。

文　献

1 ）中央教育審議会（1999）．初等中等教育と高等教育との接続の改善について（答申）

2 ）中央教育審議会（1999）．初等中等教育と高等教育との接続の改善について（答申）（p.30）

3 ）朝日新聞社（2006）（2007）．大学ランキング2006，2007（p.83）

4 ）倉元　直樹（2006）．新教育課程における東北大学の入試と教育接続——主に理科・情報，および，入試広報の観点から——　東北大学高等教育開発推進センター研究紀要，**1**，1-14.

5 ）鈴木　敏明・夏目　達也・倉元　直樹（2003）．オープンキャンパスとAO入試　大学入試研究ジャーナル，**13**，7-10.

6 ）朝日新聞社（2006）．大学ランキング2006（p.65）

7 ）鈴木　敏明・斎藤　誠・本郷　真紹・河添　健・大塚　尅佳・倉元　直樹（2002）．公開シンポジウム「AO入試と高大連携」　鈴木　敏明（編）　高大連携システム構築のための基礎研究——主として高校生向け大学体験講座を対象に——　平成13年度日本学術振興会科学研究費補助金（基盤研究［B]），研究課題番号　13410030，研究代表者　鈴木　敏明，中間報告書，1-37.

8 ）倉元　直樹・山口　正洋・川又　政征（2006）．東北大学工学部のAO入試——受験者アンケートの分析を中心に——　国立大学入学者選抜研究連絡協議会第26回大会研究発表予稿集，37-44.

9 ）木村　拓也・倉元　直樹（2006）．戦後大学入学者選抜制度の変遷と東北大学のAO入試　東北大学高等教育開発推進センター研究紀要，**1**，15-27.

10）倉元　直樹（2006）．新教育課程における東北大学の入試と教育接続——主に理科・情報，および，入試広報の観点から——　東北大学高等教育開発推進センター研究紀要，**1**，1-14.

11）例えば，倉元　直樹・山口　正洋・川又　政征（2006）．東北大学工学部のAO入試——受験者アンケートの分析を中心に——　国立大学入学者選抜研究連絡協議会第26回大会研究発表予稿集，37-44.

12）倉元　直樹・鈴木　敏明・石井　光夫（2007）．東北大学入学者の追跡調査研究(1)——平成17年度入学者第 1　セメスター成績の分析——　東北大学高等教育開発推進センター研究紀要，**2**，（投稿中）

13）植田　規史・内海　爽・平　直樹（1996）．愛媛大学医学部における小論文入試への取り組みとその成果について　大学入試センター研究紀要，**25**，1-40.

14）木村　拓也・倉元　直樹（2006）．戦後大学入学者選抜制度の変遷と東北大学のAO入試　東北大学高等教育開発推進センター研究紀要，**1**，15-27.

i　Ｚ会（増進会出版社）の協賛を受け，平成18年（2006年） 7 月22日（土）に学術総合センター会議場（東京都千代田区）で開催．全10学部11学科から各 1 名の担当教員と学生が学部学科紹介の講演，来談者相談を担当し，各種の広報資料を配布した．短い周知期間にも関わらず300名を越える入場者があり，盛況であった．

ii　平成18年度東北大学総長裁量経費「東北大学追跡調査計画の整備，および，平成
　　18年度年次計画の遂行（研究代表者：荒井克弘）」に基づいて，現在，調査研究活
　　動が進行中である。
iii　「入学試験に関する調査(2)」には成績情報等が含まれるので，「取扱注意」と
　　なっている。
iv　入学者募集単位を分類基準とする予定である。
v　推薦・AOに関しては推薦Ⅰ・AOⅡ期の部分が含まれていないために，実際には
　　もっと多い割合を占めている。さらに，平成19年度（2007年度）入試からは後期日
　　程が廃止となり，主にAO入試と前期日程とに定員が配分されるため，分布はドラ
　　スティックに変わることになる。
vi　複数の区分に併願する場合，浪人して再び挑戦する場合などが含まれているので，
　　一人で何度もカウントされているケースがある。
vii　都道府県別の志願者輩出校数が10の倍数になっていない場合は，最後の高校の志
　　願者数を案分した。例えば，72校のケースでは志願者数が多い方から7校までは実
　　数をそのまま参入し，8校目については実際の志願者数に0.2を乗じて参入する，と
　　いった具合である。そのため，表中の数値に小数点以下第1位の数値が現れている。
viii　各指標において，相関係数の値は.70〜.99であった。
ix　小見出しの末尾の（　）内は変数名である。

付　記

　本研究は，平成18年度東北大学総長裁量研究推進経費「東北大学アドミッションポ
リシー策定に関わる基礎調査（研究代表者：荒井克弘）」の成果の一部である。

第12章

東北大学歯学部における志願者・入学者の
学力水準の変化
——医学部医学科定員増の影響を中心に——[1]

東北大学高度教養教育・学生支援機構　教授　　倉元　直樹

東北大学大学院歯学系研究科　教授　　市川　博之

第1節　問題

1．歯学部における浪人比率の高さ

　歯学部の志願者には特有の偏りが見られる。端的に示すのは浪人比率の高さである。図12-1は東北大学の平成16年度（2004年度）〜平成25年度（2013年度）一般入試前期日程の志願者における募集単位別現役・浪人構成比の平均を表す[1)]。全学部の浪人比率の平均値は「1浪」から「4浪以上」を全て合わせて約1/3，歯学部と医学部医学科を除き各募集単位ともおおむね20%〜35%程度に分布している。一方，歯学部は約6割，医学部医学科は約2/3と極端に高くなっている。

　この二つの募集単位では「3浪」「4浪以上」といった多浪生の比率も著しく高い。他学部では「4浪以上」の比率が最大の薬学部でも5％に満たない。多浪生は例外的な存在である。ところが，歯学部では約15%，医学部医学科では2割を超えており，無視できない比率に達する。

　入学者では歯学部の浪人比率の高さがさらに際立つ。全学部の浪人比率の平均値は志願者でも入学者でもほぼ同じである。ところが医学部医学科では入学者の方がやや高く，歯学部に至っては3/4近くが浪人生で占められる。

1　本章は「大学入試研究ジャーナル」第25号に同一のタイトルで執筆された論文の一部に改変を加えて再録したものである（倉元，2015，文献リストは第3部・Introduction「『実学』としての大学入試研究」末尾に記載）。原文には和文要旨が掲載されていたが，本章では省略した。著者の執筆当時の所属・肩書は倉元が「東北大学高度教養教育学生支援機構・准教授」，市川は現在と同じ。

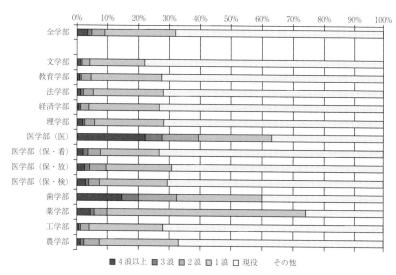

図12-1. 東北大学一般入試前期日程志願者における募集単位別現役・浪人構成比
平成16年度（2004年度）～平成25年度（2013年度）平均値

なお，医学部医学科では 平成19年度（2007年度），歯学部では平成12年度（2000年度）から第一志望の現役生のみを対象とした AO 入試Ⅲ期[2]を導入し，一定比率の現役生入学者の確保に努めている。

2．歯学部志願者における志望の特徴

　歯学部では第一志望で入学してくる学生の比率が相対的に低いという特徴もある。図12-2 は平成23年度（2011年度）～平成25年度（2013年度）の東北大学新入学者対象アンケートにおいて，受験した時点で「東北大学が第一志望」だったか否かを尋ね，学部別に集計したものである。医学部は医学科，保健学科の学科別に集計されている。

　全体として，8割を超える学生が東北大学を第一志望として入学している。比較的第一志望比率が低い経済学部と理学部は，それぞれ募集人員の13.5%，17.9%を後期日程に割いている。後期日程合格者のほとんどが前期日程で他大学を受験して不合格になった者であり，その分を差し引いて考えなければならない。それでもこの両学部の第一志望比率は70%を超えている。した

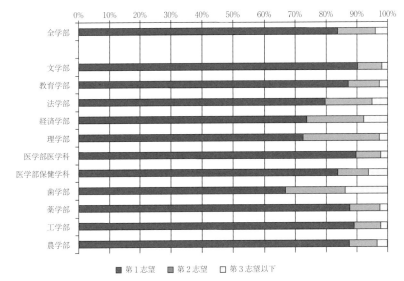

図12-2.　東北大学新入学者の学部別志望順位比率
平成23年度（2011年度）～平成25年度（2013年度）平均値

がって，60％台に止まる歯学部の第一志望比率は他学部と比べてかなり低いと言える。

　それでは，歯学部志願者の本来の第一志望はどこであったのか。次項では，医学部医学科の志願者のプロフィールとの比較によって，その疑問を解くカギを探る。

3．医学部医学科と歯学部志願者の特徴比較

　歯学部と医学部医学科の志願者の浪人比率が高いということは，この二つの募集単位においては「何年間か第一志望に挑戦して失敗した上で最終的に合格を勝ち取る」という苦難の受験プロセスを経た者が少なからず存在することになる。直接，志願者に第一志望について尋ねるか，多浪生の過去の大学受験の履歴が入手できれば，本来の第一志望が判明するかもしれないが，それは方法論的に難しい。そこで，本研究では間接的な指標を用いて探ることとした。

　東北大学の他の募集単位と同様に，医学部医学科と歯学部では平成18年度

（2006年度）まで一般入試後期日程試験を実施していた。図12-3は平成16年度（2004年度）～平成18年度（2006年度）受験の医学部医学科，歯学部の受験生が，前期日程で受験していた学部を示したものである[3]。

　最も目立つ特徴は，医学部志願者の8割以上，歯学部志願者の7割以上は前期日程においても同じ学部を受験していたということである。一見，歯学部の志願者も第一志望を貫いていたように見える。しかし，歯学部志願者では，前期は医学部を受けていた者の比率が約2割に達するのに対し，後期に医学部を志願しながら前期に歯学部を受験した者の比率は1%を切っている。歯学部受験生の多くの受験学部決定時期が大学入試センター試験受験後である（倉元・奥野，2001）という事実と合わせると，前期から歯学部を志願した受験生であってもセンター試験の得点が伸びずに妥協した可能性を拭えない。必ずしも第一志望であったとは言い切れない。

　上記の推測の裏付けとなるのが浪人年数別に前期日程の併願先比率を示した図12-4-1，図12-4-2である。医学部医学科の志願者の場合，浪人の年数を問わず，8割以上が前期日程でも医学部を受験していたのに対し，歯学部受験生では浪人の年数を重ねるにつれて，前期日程で医学部を志願していた者の比率が上がっている。すなわち，入学した大学が希望通りかどうかという問題が残るにせよ，同じ多浪生でも「第一志望を最後まで貫いて念願かなった」医学部の入学者と「医学部第一志望でありながら最終的に妥協して進路を変更した」歯学部の入学者という対照的な学生像が導かれる。

　このような問題は，歯学部の教育の質にも影を落としている。東北大学歯学部では平成12年度（2000年度）～平成24年度（2012年度）の13年間に1年に平均10件以上の学籍異動（休学と退学）が生じた[4]。「進路模索」「再受験」といった形ではっきり進路変更を理由とするケースも毎年発生し，全体の約5割を占める。さらに，「一身上の理由」等，明確な理由が示されない進路変更者の中にも，相当な割合で医学部を再受験する学生が含まれるとみられる。

　以上，医学部医学科の定員問題が歯学部の志願動向に影響を及ぼすことは明白である。そこで，次節では医学部医学科の定員管理について概観する。

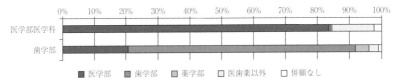

図12-3. 医学部医学科,歯学部一般入試後期日程志願者における前期日程併願先比率
平成16年度（2004年度）～平成18年度（2006年度）通算

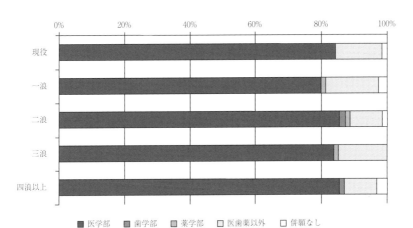

図12-4-1. 医学科受験者浪人年数別志願先比率

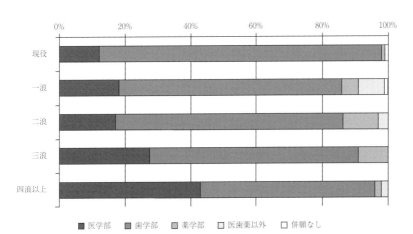

図12-4-2. 歯学部受験者浪人年数別志願先比率
平成16年度（2004年度）～平成18年度（2006年度）通算

◆◇◆
第2節　医学部医学科の定員管理

1．医学部医学科の定員の変遷

　全国の医学部医学科の定員は，政策的に定められてきた。戦後，GHQの指導の下，医学校が整理統合されて，医学部定員抑制政策が続いた。昭和36年（1961年）には国民皆保険制度が開始されて医療のニーズが拡大し，医師不足に悩む地方自治体等が医学部新設運動を展開することとなった。その結果，田中角栄内閣における昭和48年（1973年）の閣議決定により「無医大県解消」の方針が定められ，琉球大学に医学部が新設された昭和56年（1981年）までは拡大政策が取られた。この時期の医学部入学定員は戦後最大規模の8,280名に達している。その後，医師過剰の懸念から削減政策が取られ，平成15年（2003年）～平成19年（2007年）には7,625名の入学定員で安定していた。

　再び医師養成計画が拡大政策へ転じたのは，平成20年（2008年）のことである。従前からの地域的な医師数の偏在の問題に加え，診療科によるアンバランスの問題が生じたこと等がその要因とされている（以上，主として，橋本［2009］による）。文部科学省高等教育局医学教育課（2010）によれば，平成23年度（2011年度）までの4年間で医学部医学科の定員は過去最大規模を上回る 8,923名へと一気に17% 拡大されることと定められた。

2．東北大学医学部医学科における入学者定員増減見通し

　以上のような政策的な流れを受け，東北大学医学部においても一気に入学者定員が拡大されることとなった。図12-5は平成20年度（2008年度）～令和2年度（2020年度）の東北大学医学部医学科募集人員の見通しである。平成20年度（2008年度）までの恒常的な定員100名に加え，平成21年度（2009年度）には5名の恒常的定員と緊急医師確保対応による9年間の時限措置としての5名の増員がなされ，110名となった。以後，毎年募集人員が増やされ，平成23年度（2011年度）には120名の定員となった。

　ところが，特殊な状況が生じたことによって，東北大学の場合は拡大をそこで収束させることが許されなかった。平成23年（2011年）3月11日に発生

第3部　大学入試研究の可能性

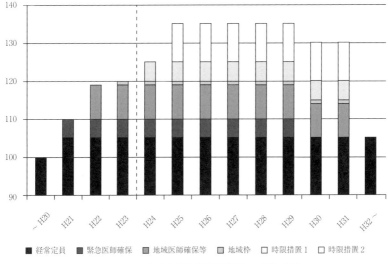

凡例：■ 経常定員　■ 緊急医師確保　▨ 地域医師確保等　▨ 地域枠　□ 時限措置1　□ 時限措置2

図12-5．東北大学医学部医学科の募集人員

した東日本大震災が定員増にさらに拍車をかけたのだ。同年9月15日に開催された「宮城県地域医療復興検討会議」の第3回会議において検討された資料（宮城県，2011）には，東北大学の医学部医学科の定員を10年間の時限付で20名増員して140名とする旨，国に要望することが記されている。その結果，さらに時限措置で5名，10名と増員され，平成25年（2013年）～平成29年度（2017年度）は135名の募集人員になると計画されている。従前からみると35名，35% の増員である。ただし，35名分のうち，恒常的定員の増員が5名分であることから，現在の計画のままでは令和2年度（2020年度）に一気に25名の募集人員減となる。

3．歯学部と医学部学科募集人員の関係

　拡大に転じた医学部医学科定員に対し，歯学部の定員は抑制傾向が続いている。実は，医学部医学科の増員計画は，歯学部募集人員の抑制政策と直接的に結び付けられている。

　文部科学省高等教育局医学教育課（2010）によれば，医学部医学科増員計画は三つの枠組みで構成されている。一つは地域の医師確保，二つ目は研究

医養成であるが，三つ目に挙げられているのが「歯学部入学定員の削減を行う大学の特例による定員増」である。東北大学歯学部では，平成23年度（2011年度）に一般入試前期日程の募集人員を45名から43名に削減となった。歯学部定員の抑制政策は今後も続くことが予想される（歯学教育の改善・充実に関する調査研究協力者会議，2014）。

　以上のように，歯学部の志願動向は医学部医学科の定員管理から直接的，間接的に大きな影響を受ける構造となっている。

第3節　歯学部志願者に対する影響の分析方法

　それでは，平成21年度（2009年度）に始まった医学部医学科定員の急激な増員は，東北大学歯学部志願者にどのような影響を与えたのであろうか。本研究ではそれを二つの側面から検討する。

1．志願倍率への影響

　図12-6は平成12年度（2000年度）～平成26年度（2014年度）における東

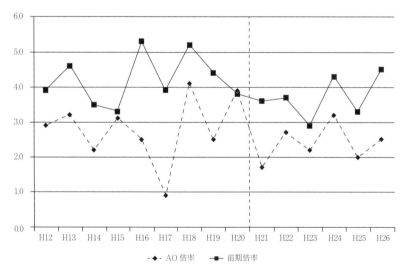

図12-6．東北大学歯学部における志願倍率の変遷

北大学歯学部の志願倍率の変遷である。破線がAO入試，実線が前期日程を表す。AO入試の募集人員が10名と少ないため，前期日程と比較すると年度による変動がやや大きいが，平成21年度（2009年度）以前と以後で異なる傾向は見られない。少なくとも，東北大学歯学部のデータから見る限り，医学部医学科増員の影響は志願倍率には表れていないように思われる。

2. 学力水準への影響

2.1. 学力水準の検出方法

簡単に算出できる志願倍率への影響と比べて，学力水準への影響を検出するのは難しい。学力の定義にもよるのだが，学力を「入試の学力検査の成績」と単純に定義しても，技術的な障壁が残る。それは，大学入試センター試験，個別試験とも，経年的に得点の比較が可能な対応付けが行われていないことによる。

本研究では，水準としては等化と呼べるほどのものではない[5]が，大学入試センターから発表される全受験者のセンター試験成績を基にして作成した指標により，便宜的に経年的な得点の比較のための対応付けを行った。そして，その方法で変換された値を用いて経年的な成績変化の指標とすることとした。全体的な傾向を見る目的で利用するには，十分ではないかと思われる。

2.2. 分析結果の表現

分析結果は平行箱型図で表す。ただし，「ひげ」の部分は通常の定義とは異なり，最大値，最小値を示す。合格者の下側のひげの下端によって，受験産業で「偏差値」指標として用いられる合格最低点を示すことができる。本稿の表示方法では，外れ値を示す記号は現れない。

また，縦軸の目盛は表示しない。横線で示したのは，暫定的に「過去のデータから見た合格者として望まれる最低の学力水準」を示すライン（以後，「最低ライン」と呼ぶ）であり，これを下回ると現在までの教育水準を保つことが難しいことも覚悟する必要がある。

2.3. 結果

図12-7-1，12-7-2は平成12年度（2000年度）〜平成26年度（2014年

度）の15年間の受験者[6]の学力水準を本稿で定義した表示方法にしたがって示したものである。図12-7-1はAO入試Ⅲ期，図12-7-2は一般入試前期日程の受験者を示す。図12-7-1，12-7-2の縮尺は同一となるように表示している。

　図12-7-1によれば，AO入試Ⅲ期の受験者の最低得点者の水準は年度によって大きなブレがある。平成16年度（2004年度）には受験者の最低水準が上がり，どの受験者に合格を出しても学力的には遜色ないような志願状況となったが，翌年の平成17年度（2005年度）は志願者9名と1.0倍を割り込んだ。いずれにせよ，例年，受験者の3/4程度は最低ラインを上回っている。傾向は平成21年度（2009年度）以前と以後で変わらない。

　一方，図12-7-2を見ると，一般入試では年による最低水準の変化はAOⅢ期と比較して小さいものの，平成21年度（2009年度）以降は，下から1/4以上の受験者が，最低ラインを割り込んだセンター試験成績で受験している。

　図12-8-1，12-8-2は平成12年度（2000年度）〜平成26年度（2014年度）の15年間の合格者[7]の学力水準を本稿で定義した表示方法にしたがって示したものである。図12-8-1はAO入試Ⅲ期，図12-8-2は一般入試前期

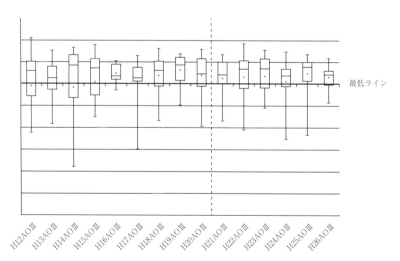

図12-7-1．AO入試Ⅲ期受験者における学力水準の推移

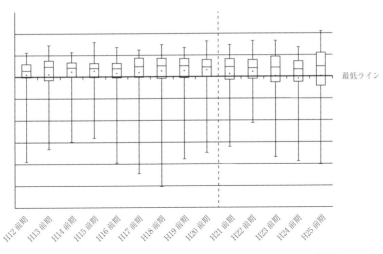

最低ライン

図12-7-2． 一般入試前期日程受験者における学力水準の推移

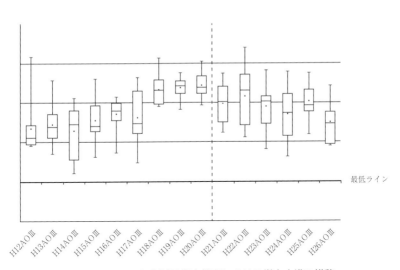

最低ライン

図12-8-1． AO入試Ⅲ期合格者における学力水準の推移

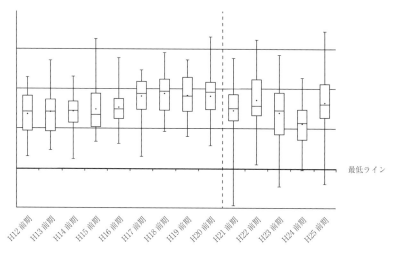

最低ライン

図12-8-2. 一般入試前期日程合格者における学力水準の推移

日程の志願者を示す。図12-8-1，12-8-2の縮尺は同一となるように表示している。

　図12-8-1を見ると，AO入試Ⅲ期の合格者の学力水準は，当初，徐々に上がっていき，平成18年度（2006年度）～平成20年度（2008年度）にはピークに達していた。平成21年度（2009年度）以降はやや下がってきており，医学部定員増の影響が看取できる。とは言え，最低ラインからは相当程度高い水準で合格が決まっている。

　一方，図12-8-2を見ると，一般入試前期日程への影響は無視できないものがある。全体の分布は年によってブレがあり，平均的な水準が下がっているとは言い切れない。しかし，最低得点での合格者の水準を見ると，平成21年度（2009年度）以降に最低水準を割り込むケースが見られる。平成20年度（2010年度）以前は皆無であったので，顕著な傾向と言える。

第4節　考察

最初に，本稿で用いた指標には限界があることを踏まえておく必要がある。

限られた情報を基に簡便な方法による対応づけを行っているため，いわゆる「1点刻み」の精度が保証できるわけではない。さらに，志願動向に影響を与えると予想される様々な諸要因が特定され，統制されているわけではない。しかし，分析結果は解釈可能な整合性の取れたものである。なお，AO入試Ⅲ期には面接試験，前期日程試験には個別学力検査が課されており，センター試験だけで合否が決まるわけではない。特に，一般入試では合否に対する個別学力検査の影響力が大きい。したがって，本稿の指標では低い評価であっても，個別学力検査で高得点を取って入学した学生の中には，センター試験で実力が発揮できなかっただけで潜在的学力が高い者も存在するだろう。いずれにせよ，実際に入学後に必要とされる学力レベルをより精度よく推定するには，追跡調査による裏付けが必要となるだろう。

　本研究の分析では志願倍率ではなく合格者の学力水準に医学部増設の影響が強く出ていた。複雑な環境条件下で入試や学生教育の質を量的に測ることが如何に難しいかを示唆する結果である。教育の質は入学してくる学生の学力に大きく依存する。西郡（2013）は，競争倍率が2.0倍から3.0倍程度に上がっても「合否ボーダーライン付近の受験者層が急激に増加」するだけで入学者の学力の質はさほど高くならないことを指摘した。さらに「高倍率になった翌年には，その反動として競争倍率が低下」する。倍率と合格者の水準は必ずしも連動しない。大学教育の質保証には倍率の高さではなく，十分な学力を持った受験生の確保が必要となる。現場で努力を重ねても，医学部医学科の急激な定員増から来る歯学部の教育に対する構造的悪影響を完全に回避することは不可能と言わざるを得ない。

　実は，医師と同様に，歯科医師も地域による偏在がある。さらに，現職の歯科医師の高齢化により全体数においても10〜20年後には将来的な不足が予想されている[8]。そのような中，さらに新たな医学部医学科の新設計画が発表された（復興庁・文部科学省・厚生労働省，2013）。東北地方に新たな医学部を設置する構想である。東北大学の歯科医学教育にとって，更なる苦難が待ち受ける状況となった。

文　献

Dorans, N. J. & Holland, P. W.（2000）. Population invariance and the equality of tests: Basic theory and the linear case. *Journal of Educational Measurement, 37*, 281-306.

復興庁・文部科学省・厚生労働省（2013）．東北地方における医学部設置認可に関する基本方針について　Retrieved from http://www.mext.go.jp/b_menu/houdou/25/11/1341992.htm（2014年9月）．

橋本 鉱市（2009）．医師——拡大と抑制の間で——　橋本 鉱市（編）専門職養成の日本的構造（pp.25-43）玉川大学出版部

倉元 直樹・奥野 攻（2001）．平成12年度東北大学歯学部 AO 入試について　大学入試研究ジャーナル，**11**，43-48.

宮城県（2011）．地域医療復興の方向性について　宮城県地域医療復興検討会議第3回会議資料　Retrieved from http://www.pref.miyagi.jp/uploaded/attachment/48860.pdf（2014年9月）．

文部科学省高等教育局医学教育課（2010）．これまでの医学部入学定員増等の取組について　今後の医学部入学定員のあり方に関する検討会（第一回）資料2　Retrieved from http://www.mext.go.jp/b_menu/shingi/chousa/koutou/043/siryo/1300372.htm（2014年9月）．

西郡 大（2013）．18歳人口の減少を踏まえた入試の基礎分析——今後の入試戦略を検討するための一視点——　大学入試研究ジャーナル，**23**，103-111.

歯学教育の改善・充実に関する調査研究協力者会議（2014）．歯学教育の改善・充実に関する調査研究協力者会議［提言・要望］　Retrieved from http://www.mext.go.jp/b_menu/shingi/chousa/koutou/035/toushin/1344755.htm（2014年9月）．

注

1）医学部以外は学部単位である。医学部のみ，医学科と保健学科，保健学科はさらに看護学専攻，放射線技術科学専攻，検査技術科学専攻の専攻別での募集を行っている。なお，全体としてはこの10年間に現役比率が約60％から約70％へと10ポイント程度上がっている。歯学部は募集人員が少ないために年によってブレがあるが，平成16年度（2004年度）が27.4％であったのに対し，最大の現役比率を記録した平成23年度（2011年度）では55.2％に達している。

2）選抜資料の一部として大学入試センター試験を課すタイプの AO 入試に対する東北大学の呼び名である。文学部，理学部を除く入試区分で導入されている。医学部医学科，歯学部などの現役生のみを対象とする入試区分と医学部保健学科各専攻，工学部などの浪人生も可とする区分がある。

3）入手できる情報の単位が学部までなので，前期日程の「医学部」志願者が医学科以外を志願していた可能性も形式上否定はできないが，実質的にその可能性はゼロに等しいと思われる。

4）同じ学生が休学を繰り返した上で退学するなどのケースもあるので，実際の人数よりは多い。

5）学習指導要領の改訂などにより，入試科目の内容には変化が起こる。さらに，選択科目もある。異なる科目は「測定対象となる構成概念が同一」と看做せないので Dorans & Holland（2000）による等化の最も基本的な条件を満たすことができない

と考えられる。

6）志願者のうち，欠席せずに実際に試験を受験した者。

7）合格者はおおむね入学者，すなわち，教育の対象となる学生に関する指標である。
　　ただし，入学手続きを行なわない者，入学を辞退する者，一般入試では追加合格で
　　入学してくる者が若干存在している。

8）東北大学大学院歯学研究科小坂健教授提供資料による。

執筆者紹介

倉元直樹　（編　者）　　　　　　　　　　　はじめに・第 1 部 Introduction・
　　　　　　　　　　　　　　　　　　　　　第 1 章・第 3 章・第 4 章・第 5 章・
　　　　　　　　　　　　　　　　　　　　　第 2 部 Introduction・第 8 章・
　　　　　　　　　　　　　　　　　　　　　第 3 部 Introduction・第10章・
　　　　　　　　　　　　　　　　　　　　　第11章・第12章

鳴野英彦　（元大学入試センター教授）　　　　　　　　　　　　　第 2 章

林　篤裕　（名古屋工業大学大学院工学研究科教授）　　　　　　　第 6 章

伊藤　圭　（大学入試センター研究開発部准教授）　　　　　　　　第 6 章

田栗正章　（大学入試センター名誉教授）　　　　　　　　　　　　第 6 章

西郡　大　（佐賀大学アドミッションセンター教授）
　　　　　　　　　　　　　　　　　第 7 章・第 8 章・第 9 章・第10章

市川博之　（東北大学大学院歯学系研究科教授）　　　　　　　　　第12章

●監修者・編者紹介

倉元直樹

東北大学高度教養教育・学生支援機構教授。東京大学大学院教育学研究科教育心理学専攻（教育情報科学専修）第1種博士課程単位取得満期退学。博士（教育学）。大学入試センター研究開発部助手を経て，1999年より東北大学アドミッションセンター助教授（組織改編により現所属）。東北大学大学院教育学研究科協力講座教員を兼務。専門は教育心理学（教育測定論，大学入試）。日本テスト学会理事。全国大学入学者選抜研究連絡協議会企画委員会委員。

本書は JSPS 科研費 JP19H05491 の助成を受けて出版したものです。

東北大学大学入試研究シリーズ

「大学入試学」の誕生

2020年3月26日　初版第1刷発行　　　　　　　　　　　　　　　［検印省略］

監修者	倉　元　直　樹
編　者	倉　元　直　樹
発行者	金　子　紀　子
発行所	株式会社 金　子　書　房

〒112-0012　東京都文京区大塚 3-3-7
TEL 03-3941-0111㈹
FAX 03-3941-0163
振替 00180-9-103376
URL http://www.kanekoshobo.co.jp

印刷・製本／藤原印刷株式会社

ISBN 978-4-7608-6101-9　C3337　Printed in Japan